France - Allemagne

Logiques politiques

Collection dirigée par Yves Surel

Créée en 1991 par Pierre Muller, la collection « Logiques politiques » a pour vocation principale de publier des ouvrages de science politique, ainsi que des livres traitant de thématiques politiques avec un autre angle disciplinaire (anthropologie, économie, philosophie, sociologie). Elle rassemble des recherches originales, tirées notamment de travaux de doctorat, ainsi que des ouvrages collectifs sur des problématiques contemporaines. Des séries thématiques sont également en cours de développement, l'une d'entre elles visant à publier des ouvrages de synthèse sur les systèmes politiques des États-membres de l'Union européenne.

Dernières parutions

Claudy LEBRETON et Olivier ROUQUAN, *Régénérer la démocratie par les territoires. Pour une conception politique de la décentralisation*, 2022.

Pierre-Louis MAYAUX, *La privatisation dans tous ses états. Protestation et consentement dans les services d'eau d'Amérique latine*, 2017.

Marc MILET, *Théorie critique du lobbying, L'Union internationale de l'artisanat et des PME et les revendications européennes*, 2017.

Christine PINA, Eric SAVARESE, *Le politique par l'image. Iconographie politique et sciences sociales*, 2017.

Cyril TREPIED, *Géopolitique de l'indépendantisme en Catalogne*, 2015.

Cécile CRESPY, *Gouverner la recherche en région. Les politiques régionales de recherche en Provence-Alpes-Côte d'Azur*, 2015.

Matthieu ANSALONI, L*e tournant environnemental de la Politique Agricole Commune,* 2015.

Pierre MULLER, *Le Technocrate et le paysan. Les Lois d'orientation agricole de 1960-1962 et la modernisation de l'agriculture française. 1945-1984*, 2014.

Christophe ROUX, *Corse française et Sardaigne italienne, Fragments périphériques de construction nationale*, 2014.

Christine Galavielle

France - Allemagne

Face-à-face
ou
la main dans la main ?

5-7, rue de l'Ecole-Polytechnique, 75005 Paris
http://www.editions-harmattan.fr
ISBN : 978-2-14-029085-5
EAN : 9782140290855

PRÉFACE

Chaque Nation se fabrique sa propre Histoire, non à partir du parcours qu'elle a réellement suivi mais du souvenir qu'elle en a. Cette fabrication délivre le sens qu'elle veut donner à son destin collectif. Le grand sociologue Norbert Elias opposait l'idéal allemand de Culture à l'idéal français de Civilisation. Il empruntait cette opposition au débat des intellectuels allemands à la veille de la Première Guerre mondiale qui avait marqué sa jeunesse, auquel avaient pris part des écrivains tels que Thomas Mann ou Stefan George. Les Allemands considéraient que la culture est un ensemble de valeurs héritées. Et comme tout héritage, elles ne se discutent pas. Elles ont été transmises. Il faut les accepter telles quelles.

Les Français affirmaient pour leur part défendre les Droits de l'Homme et la Démocratie légués par la Révolution de 1789 mais qui ont une valeur universelle. Combattre pour ces valeurs, c'était marquer son attachement aux principes de gouvernement qui garantissent la liberté de chacun et pacifient les rapports entre les Etats comme entre les individus.

J'ai bien connu Norbert Elias. J'ai organisé plusieurs tables rondes autour de lui à Paris dans le cadre de l'Ecole des Hautes Etudes en Sciences Sociales ou à Göttingen dans le cadre du Max-Planck Institut. Dans un entretien que j'avais fait avec lui pour le Nouvel Observateur, mais qui n'est jamais paru et dont l'enregistrement a été lui-même perdu, Il avait souligné l'opposition entre la façon dont les Allemands et les Français conçoivent le renouvellement de leur culture. Pour les Français, il évoquait l'innovation littéraire, citant le cas du poète communiste Louis Aragon : plongé dans la clandestinité pendant l'Occupation allemande, il s'était mis à écrire des vers rimés qu'on aurait pu prendre pour des pastiches de Ronsard ou de Du Bellay. Les Français, selon Elias, doivent toujours aller chercher dans leur passé ce qui les autorise à inventer leur présent.

Les Allemands au contraire ne peuvent réinventer leur vision du monde qu'en rompant avec leur passé. Martin Luther a renouvelé la foi et la langue allemandes en rompant avec Rome. Goethe, Hölderlin, Schiller et les autres poètes du Sturm und Drang ont imposé l'exaltation des sentiments en tournant le dos au moralisme piétiste de Lessing. Bismarck a imposé "par le fer et par le sang" sa conception autoritaire et unitaire de l'Allemagne contre l'idéal démocratique et fédéral du premier Parlement allemand réuni à Francfort en mai 1848 et contre le fédéralisme des Etats catholiques du sud de l'Allemagne. Hitler a imposé sa vision dictatoriale et antiparlementaire du Reich contre la social-démocratie et l'idéal parlementaire de la République de Weimar. La République de Bonn, après la Deuxième Guerre mondiale, s'est définie contre le nazisme… et contre le communisme en se donnant une Constitution fédérale parlementaire et démocratique, confirmée après la réunification de l'Allemagne en 1989.

Ce besoin de rupture est-il propre à l'Allemagne ? Les historiens allemands ont parlé d'un Sonderweg c'est-à-dire d'un cheminement particulier pour qualifier l'histoire de leur Nation. Toute histoire nationale est un cheminement particulier. Mais pour les Allemands, Sonderweg a un sens partiellement négatif. Il signifie qu'une malédiction particulière a poussé l'Allemagne, à chaque fois, à quitter le chemin normal qu'elle aurait dû suivre. Il y a donc une opposition fondamentale entre les Allemands qui se croient, pour le meilleur et pour le pire, différents des autres et les Français qui proposent leur histoire à l'ensemble de l'Humanité comme modèle d'une histoire universelle.

L'originalité de la démarche suivie dans cet essai par Christine Galavielle est d'avoir voulu éclairer les rapports actuels du "couple franco-allemand" au sein (et aussi à la tête) de l'Union européenne en retraçant l'histoire de ce couple dans sa plus grande longueur et en démêlant la complexité des liens qui se sont tissés d'un siècle à l'autre, entre ces deux pays. Economiste de formation, elle a jugé nécessaire d'insérer les aspects proprement économiques de cette histoire dans une approche pluridimensionnelle qui aborde également la genèse des institutions politiques et des formes culturelles.

Pourquoi remonter jusqu'au Déluge pour expliquer les problèmes auxquels ont à faire face aujourd'hui les relations entre les deux pays, seraient tentés de lui objecter eurocrates, élus ou hommes d'affaires concernés par ces relations ? Parce que les habitudes actuelles s'enracinent souvent dans un terreau institutionnel très ancien. Un seul exemple: l'Allemagne est une Bundesrepublik, (une République fédérale). Le fédéralisme allemand, au moins aussi fort que celui des Etats-Unis, qui donne des pouvoirs considérables aux Länder, ne laissant au gouvernement installé à Berlin que la responsabilité des tâches régaliennes, est l'un des plus poussés d'Europe. Combattu par la monarchie des Hohenzollern, par Bismarck et par Hitler, il a toujours ressuscité comme une deuxième nature de l'Allemagne. Il est sans doute une des clés de son dynamisme économique actuel.

En France au contraire, les efforts de décentralisation déployés par presque tous les gouvernements depuis 1945 ont le plus souvent échoué. La création récente des Régions qui devait installer un pouvoir local fort, capable de passer directement des accords avec des partenaires non français de l'Union européenne n'a pas donné les résultats attendus. Elle n'a fait que créer une instance nouvelle de responsabilités entre le département et le gouvernement central avec une bureaucratie budgetivore, une nouvelle catégorie d'élus mais guère de pouvoirs nouveaux pour les simples citoyens.

Cette dissemblance vient de loin. Christine Galavielle a fait remonter jusqu'au X° ou au XI° siècle l'analyse des choix institutionnels des deux pays, non par une curiosité d'antiquaire mais parce la divergence de leurs tropismes politiques s'est installée à ce moment- là. En France, l'avènement des Capétiens a installé en Ile de France un pouvoir souverain, modeste au départ, mais qui ne reconnaissait aucun suzerain. Ce pouvoir a tenu huit siècles, jusqu'à la Révolution. Il a construit le territoire et la société française dans le même mouvement. Il a répandu l'habitude de regarder vers la capitale, Paris très tôt et Versailles à partir du règne de Louis XIV, pour s'enrichir ou améliorer son statut social. Ce pouvoir très centralisé a survécu à l'Ancien Régime parce qu'il donnait une apparence d'égalité aux administrés.

L'Allemagne n'a pas connu cette lacune, cet accroc dans le maillage des liens féodaux. Elle est devenue, plus que tout le reste de l'Europe, la terre de prédilection de la féodalité. Duchés, Marches, Principautés épiscopales, Pouvoirs urbains ont constitué un patchwork de pouvoirs locaux dont le démembrement entrepris par Napoléon I° à l'extrême fin du XVIII° siècle, n'a été parachevé par Bismarck qu'à la fin du XIX° siècle.

Voilà bien des raisons de lire ce livre très original dans son mode de pensée pour tous ceux qui cherchent des deux côtés du Rhin à comprendre les forces profondes qui nous gouvernent. L'originalité de la démarche suivie par cette économiste, c'est d'avoir compris que toute analyse économique doit s'appuyer sur une connaissance historique précise des pays concernés. Car l'Economie ne peut s'expliquer sans l'Histoire. Christine Galavielle en fait la démonstration.

André Burguière
Directeur d'Etudes émérite à l'EHESS

PROLOGUE

En ce douloureux printemps 2022, il paraît hors propos de vouloir considérer plus spécifiquement les relatons franco-allemandes, étant donné l'impact des souffrances.

L'espoir d'avoir vaincu la pandémie du COVID-19 a été aussitôt occulté par le conflit armé en Ukraine dont l'issue ne saurait être heureuse, devant le malheur qui a frappé ce pays. L'Europe vit ainsi un temps qui rappelle aux plus anciens des horreurs passées, et qui prive désormais les jeunes générations d'une inconsciente insouciance.

Dans l'espérance d'un avenir moins sombre que le présent, la France et l'Allemagne seront toujours des partenaires essentiels. Leur entente née depuis plus d'un demi-siècle nous a conduits à une analyse de ce qui est désormais appelé « le couple franco-allemand ».

Il s'agit donc de savoir comment une relation conflictuelle émergeant de la nuit des temps a pu évoluer vers un contexte de convergence reconnue et consentie.

Ainsi, en suivant le fil de l'histoire notre essai a choisi comme point de départ le couronnement d'Othon Ier en 962, le Saint-Empire embrassant une Allemagne aux contours flous et un Royaume de France bien plus nettement dessiné. Néanmoins, pendant un temps, on peut dans ce contexte rappeler le commentaire prémonitoire d'Alfred Leroux :

« *Langue, région, c'étaient là des notions concrètes qui, du moyen âge, suppléaient à la notion de race, dont on a tant abusé depuis lors* »[1].

Le premier chapitre se propose donc de retracer le cheminement du Moyen-Âge vers les temps modernes. Pour ce faire, les aspects évolutifs essentiels nous ont semblé être la vie des peuples dans les territoires et les villes, frappés par des guerres quasiment incessantes déclenchées par des Seigneurs oublieux de ceux qui n'évoluèrent que lentement vers le statut du citoyen.

Or, on constate que ce cadre qui aurait pu s'avérer paralysant, a engendré une grande richesse sur le plan des arts et des sciences, et permis la naissance de l'économie politique sous la forme des physiocrates et des mercantilistes. Les hostilités stériles n'ont en effet pas pu étouffer les inspirations d'un monde intellectuel créant des liens et jetant des ponts au-delà des volontés guerrières des seigneurs d'un Saint-Empire déclinant jusqu'à sa dissolution définitive en 1806.

Le second chapitre est consacré au XIXe siècle qui porte l'empreinte de l'incapacité de vaincre les juxtapositions et hostilités ayant empêché un essor conjoint au centre de l'Europe.

Il est d'abord certain que toute évaluation comparative est rendue problématique du fait de la non-existence de l'Allemagne en tant que nation jusqu'en 1871, de sorte qu'une politique globale de la France face à l'ensemble germanique hétéroclite se heurte à des alliances qui durent au-delà de l'époque napoléonienne.

---

[1] Alfred Leroux, 1892

Qui plus est, les peuples étaient profondément déçus du maintien des monarchies consécutivement au Congrès de Vienne de 1815, ce qui impliquait chez les classes populaires françaises un sentiment de perte de l'héritage révolutionnaire de 1789, et pour l'Allemagne un mécontentement devant des gouvernances très différenciées d'une entité souveraine à l'autre.

À la recherche d'un concept dominant la vie publique dans les deux pays au cours du XIXe siècle, l'impression est celle de la prévalence de l'autorité dans les différents états allemands ainsi que par la suite dans la nation allemande, alors qu'en France la démocratie aura eu moins de mal à surgir de l'arrière-plan.

Nous en voulons pour preuve que l'avenir de la liberté est inséparable du témoignage de Rousseau, alors qu'Outre-Rhin des philosophes tels que Gottlieb Fichte et Ernst Moritz Arndt ont laissé les traces d'un nationalisme naissant dépourvu de repères universels.

Ce chapitre fait également état des théories économiques de l'époque, l'école historique allemande se distinguant nettement de l'école libérale française. Cette dernière compte comme représentant essentiel Jean-Baptiste Say qui défend certes un capitalisme libéral tout en se distinguant nettement du pragmatisme anglo-saxon en la matière.

En Allemagne, Max Weber représente un capitalisme issu du protestantisme et faisant reculer l'aspect émotionnel devant une rationalité considérée comme bienfaisante. Ici encore, on observe un esprit identitaire éloigné d'un libéralisme moins restreint.

En la présence de deux nations, et donc à partir de 1871, l'« ère Bismarck » lèguera à l'ensemble de l'Europe l'héritage d'un progrès social conçu pour éloigner les masses travailleuses des prêcheurs des thèses marxistes et de leur conférer le sentiment d'un statut social enfin acquis.

Le XXe siècle auquel est consacré le troisième chapitre de l'essai, a occulté les orientations progressistes du passé pour plonger non seulement la France et l'Allemagne, mais l'humanité dans un abîme à tout jamais ancré dans les mémoires collectives.

La fin de la Belle Époque n'avait pas permis d'apercevoir plus particulièrement des deux côtés du Rhin des signes annonciateurs de l'onde de haine approchante, en dépit des avertissements venant entre autres des philosophes Adorno et Horkheimer, de l'École de Francfort. Ainsi, l'antisémitisme et l'antiféminisme signifiaient de façon de plus en plus directe l'exclusion d'une partie importante des populations.

Le rôle des femmes au cours de la Première Guerre mondiale est indéniable, mais elles restaient soumises aux ordres venant des hommes. Notre texte pose par ailleurs la question de savoir si l'Allemagne aurait déclaré la guerre à la France en 1914, si le chancelier Bismarck n'avait pas été « remercié » dès 1890 par un empereur peu perspicace.

Par la suite, nos commentaires considèrent bien entendu la problématique du Traité de Versailles, sachant que l'économiste et conseiller John Maynard Keynes fut dès 1920 sceptique quant à l'évolution des relations de pouvoir en Europe, à partir de cette base.

Il est par ailleurs important de rappeler que la Première Guerre mondiale avait assisté pour la première fois à l'émergence des états en tant qu'acteurs dans le cadre de l'économie de guerre. En effet, la Figure 2 du texte représente le devoir des citoyens d'aider le pouvoir militaire et politique, de gagner la guerre.

Depuis les années 1920, l'émergence du fascisme en Allemagne fut facilitée par l'invocation des conditions de paix jugées humiliantes, de sorte que l'image de l'Allemagne devant gagner des terres à l'est apparaissait comme une justification de l'occupation de la Pologne, sans tenir compte du jeu des alliances ainsi déclenché.

Le naufrage de la Troisième République et la prise de pouvoir par Pétain avaient fait de la France un vainqueur de second rang, en dépit de la pleine reconnaissance de l'œuvre du Général de Gaulle.

Devant ce tableau, notre texte conclut en estimant que les années de l'immédiat après-guerre avaient mis la France et l'Allemagne sous une chape de plomb : la 4e République peinait à se relever des pertes matérielles et immatérielles, et l'Allemagne n'était plus que quatre zones d'occupation, la défaite de 1945 ayant été unique, dans la mesure où elle signifiait la déconfiture pure et simple d'un état souverain.

Par la suite, il a été trop souvent été dit et écrit que l'Allemagne avait retrouvé une force extraordinaire, du moins concernant les trois parties occidentales, pour se sortir du marasme de l'effondrement du Troisième Reich. Nous soulignons qu'il ne s'agit pas de nier l'effort mis en œuvre, mais le rôle de la guerre froide en présence dès la fin des années 1940 y était tout à fait indéniable.

Signalons encore l'accueil de la chute du Mur de Berlin, dans le contexte des relations franco-allemandes. Il est évident que dans une Europe déjà avancée quant à sa configuration, cet événement fut salué de toute part. Il est néanmoins permis de tenir compte du fait que le poids économique de l'Allemagne s'est ainsi singulièrement accru, ce qui se reflète entre autres sur le plan de sa balance extérieure.

Au-delà du contexte économique, la France dont la politique avait dû s'adresser parallèlement à deux états allemands depuis la reconnaissance de l'Allemagne de l'Est en tant qu'état souverain au plan international, était désormais face à un pays qui s'était retrouvé avec une volonté inébranlable.

Le quatrième chapitre est ensuite consacré aux trajectoires parcourues par la France et l'Allemagne pendant les deux premières décennies du XXIe siècle et nous situe désormais dans un présent aux contours incertains et fragiles, ce qui vaut par ailleurs pour l'Europe dans son intégralité.

Les trajectoires des politiques françaises et allemandes surprennent certes par leurs juxtapositions, mais davantage encore par l'évolution néanmoins réalisée.

C'est ainsi que la Chancelière Angela Merkel a fait progresser les convergences des deux pays en menant une politique chrétienne-démocrate et tout en négociant avec quatre Présidents français, dont deux furent socialistes alors que les deux autres appartenaient à la droite française. Or, il faut se méfier de la terminologie : la politique de la Chancelière, en prenant en considération tous ses aspects, apparaitrait en France comme centriste sinon « Centre-Gauche », alors que la politique de la Droite française aurait du mal à être considérée en Allemagne comme relevant d'un conservatisme modéré.

Notre texte parvient ainsi à la conclusion que la stabilité Outre-Rhin témoigne essentiellement d'un niveau de confiance moins partagé en France.

Nos commentaires concernant l'Euro, quelque peu techniques, mettent en relief le fait désormais reconnu du rôle actif de la monnaie, au-delà des querelles d'écoles au plan théorique. Il est vrai que la souveraineté partagée en matière monétaire, la laisse « sans racines » en Allemagne, alors que l'héritage révolutionnaire français est présent même ici.

Le lecteur retrouvera le même raisonnement sur le plan de l'interprétation de la démocratie et des écoles en présence respectivement en France et en Allemagne.

Enfin, le panorama 2022 se propose de mettre en relief les caractéristiques institutionnelles ainsi que ceux qui relèvent de la gestion, des convergences étant envisagées et même en voie de réalisation, pour guider les initiatives futures.

CHAPITRE I
LE SAINT-EMPIRE

On pourrait craindre que le lecteur soit quelque peu dubitatif sinon repoussé par l'annonce de l'histoire millénaire européenne, lorsqu'il s'agit de chercher des traces à même de contribuer à des explications des différences enchevêtrées entre ce qui fait aujourd'hui les Allemands et les Français dans leurs pays respectifs. Or, l'histoire les a faits, comme ils ont fait l'histoire.

Section 1 - Scripta manent[2]

Comment les textes nous parlent-ils ? Ici, la complexité de toute comparabilité entre les deux pays et les deux peuples peut être perçue dans un premier temps en jetant un regard sur la terminologie, avant de suivre le fil de l'histoire.

C'est ainsi qu'aujourd'hui encore les textes qui font la base de l'enseignement scolaire hésitent pour trouver un dénominateur commun, peut-être dans la crainte d'une privation qui nous paraît dépassée. Nous espérons que la coopération franco-allemande du XXIe siècle saura lisser ces aspérités. Néanmoins, on peut admettre que pour un pays enfin réuni il y a une génération, cela soit moins facile que pour un partenaire n'ayant jamais cessé d'être une nation depuis 1789.

Pour reprendre le chemin de la terminologie, nous constatons qu'en France la période allant de 962 à 1806 s'appelle *Le Saint-Empire*, dans les textes officiels comme

[2] Les Écrits restent

sur le plan des références littéraires. Le support des mots en allemand est autrement large. Citons seulement ce titre : *Ausstellung Heiliges Römisches Reich Deutscher Nation (962 – 1806)*[3].

Il s'agit d'une exposition organisée par le Conseil de l'Europe qui a eu lieu en 2006 à Magdebourg et à Berlin.

Le lecteur remarquera la date, près de nous, mais aussi assez peu de temps après le rétablissement de l'Unité allemande, expression qu'un courant de pensée en Allemagne préfère à celle de Réunification.

Quant à l'organisation de cette exposition et à son titre, on peut y voir en effet une manifestation de la fierté retrouvée d'une nation, d'un pays et d'un peuple qui avait été dépouillé de toute dignité sur les terres d'un État en déconfiture, puis d'abord recomposé malencontreusement sous la forme de deux régimes totalement différents, avant d'être à nouveau admis à siéger sur les bancs de la démocratie.

Toujours est-il qu'en 962 le souverain allemand Othon Ier fut couronné à Rome par le Pape. Or, le terme de « Saint-Empire » date du 12e siècle, alors que celui de « Saint-Empire romain » n'a surgi qu'au 13e siècle.

Aux Temps modernes, l'expression *Empire allemand (Deutsches Reich)* devient plus courante et témoigne de la germanisation progressive de l'espace, comme de la conception même du Saint-Empire. Cette « Inflexion nationale du « Saint-Empire romain de nation allemande »[4] retient, comme en témoignent les textes, une

---

[3] Exposition Saint-Empire romain de nation allemande

[4] Jean-François Noël, 1993 (1976)

supranationalité ou un universalisme qui revêt pourtant un profil de plus en plus formel, sinon factice.

Il faut rappeler dans ce contexte que ce millénaire a vu la confrontation permanente entre Rome et Constantinople, de sorte que le Saint-Empire pouvait et devait être invoqué à chaque nouvelle flambée de violence venant de l'Orient.

Par ailleurs, l'évocation de « la nation allemande » ne semble avoir été acceptée par les autres souverains. Néanmoins, surtout le Roi de France insistait sur le fait souligné devant le Pape, que l'Empereur était *primus inter pares,* mais que cette reconnaissance n'était pas de nature juridictionnelle.

Ainsi, la différentiation conceptuelle manifeste a certes laissé son empreinte dans les écrits, mais ses traces ne semblent pas avoir été douloureuses. Peut-être est-ce un signe, d'une part, d'une insistance toute germanique, et de l'autre, d'une arrogance dont on accuse volontiers les Français.

Section 2 – Des repères institutionnels

Pendant le millénaire du Saint-Empire, les cheminements furent tortueux et tumultueux. Or, dans le cadre de notre sujet, il ne saurait guère s'agir d'adopter une démarche chronologique, mais d'essayer de savoir si au cours de ce millénaire les empreintes de l'histoire peuvent être retrouvées des deux côtés du Rhin, ce qui s'avère d'autant plus difficile que ce fleuve emblématique n'a pas été, au fil des siècles, le diviseur à retenir en premier.

On verra que le rôle de la Papauté donne lieu encore aujourd'hui à des interprétations complexes, et que l'importance de la religion était aux prises, vers la fin du Moyen-Âge, avec la Réformation luthérienne et ses effets sur les institutions de l'Empire.

Les tentatives de clarification qui suivent doivent permettre de profiler les consciences collectives, en France comme en Allemagne : ces traits du passé nous accompagnent-ils toujours, ou se sont-ils noyés dans la nuit des temps?

*** L'Empire – une magistrature divine?**

L'année 1077 voit la manifestation de la doctrine des deux glaives, omniprésente pendant l'époque médiévale, selon laquelle le pouvoir spirituel est supérieur au pouvoir temporel. Il s'agit de la « pénitence à Canossa », considérée désormais par les historiens comme un compromis finalement conclu entre l'Église et l'Empire[5].

En effet, le 25 janvier 1077 le futur Empereur germanique Henri IV et sa suite devront attendre trois jours, à croire les documents de l'époque, pour que finalement à la troisième tentative s'ouvre le portail du pardon du Pape Grégoire VII. À la base de cet épisode se trouve la « querelle des investitures » concernant les nominations des membres du clergé et faisant référence au non-respect de l'Empereur, du droit supérieur de la papauté. L'excommunication du futur Empereur en 1076 ayant été considérée comme intolérable, le pardon du Pape était à même de restaurer l'équilibre, du moins momentanément.

---

[5] Pierre Monnet, mai 2015

De nos jours, le dicton de la « pénitence à Canossa » est cité dans les deux langues et dans les deux pays (« *der Gang nach Canossa* » en allemand) ; néanmoins, les milieux intellectuels d'Outre-Rhin semblent y faire plus volontiers référence que ceux de la France, pour désigner une situation humiliante.

En poursuivant cette réflexion, on peut y voir, jadis comme aujourd'hui, une certaine distanciation en France par rapport à l'Empire, sans que le fait de l'appartenance n'ait jamais été mis en doute pendant toute la durée du millénaire. Cet aspect particulier sera repris par la suite.

*** L'État aux temps prémodernes**[6]

S'il est habituel d'apostropher le Grand Interrègne (1250 – 1273) comme symbole d'absence de l'État, la vacance effective du siège de l'Empereur (en allemand *« die kaiserlose, die schreckliche Zeit »)* ne doit pas occulter le fait que le concept même d'« État » n'a surgi que lentement et de façon inégale. Sans trop nous appuyer sur les détails dans le contexte présent, on peut remarquer que le Moyen-Âge voit difficilement se profiler l'État, du fait de l'interpénétration concernant les concepts religieux.

Or, comme le souligne Andrey Grunin (op.cit., p. 4), l'interprétation historique française se détache quelque peu du support théorique de la notion d'État dans le contexte médiéval, en lui accordant une importance plutôt « narrative ».

La difficulté d'une saisie ni évasive ni simpliste apparait avec une grande clarté dans le discours de Jean-

[6] Andrey Grunin, 2019

Marie Moeglin[7] : « Par définition, l'histoire de l'Empire n'était pas une histoire 'territorialisable' et ceci empêchait du même coup la naissance d'une histoire nationale allemande » (cit. p. 13).

Vouloir juxtaposer « le Royaume de France » et « l'Allemagne du Saint-Empire » pour les besoins de notre recherche, peut paraître inadéquat, étant donné l'inclusion du Royaume dans l'Empire. Néanmoins, des traits divergents se détachent et peuvent accompagner les consciences collectives au-delà du millénaire qui fut celui du Saint-Empire.

*** L'Allemagne du Saint-Empire**

La difficulté de visualiser l'Allemagne dans le Saint-Empire consiste dans le fait qu'il n'est guère possible de la « situer », puisqu'elle se soustrait au pragmatisme d'un cadrage, dans l'espace ainsi que dans le temps. Les livres d'histoire retracent non sans peine le « rétrécissement » intervenu depuis le couronnement d'Othon Ier en 962 jusqu'à la dissolution pour devenir la Confédération napoléonienne en 1806.

Comme le souligne Jean-Marie Moeglin (Section IV de l'article cité), les Allemands se considéraient désormais comme les dépositaires de l'Empire au règne universel et donc supérieur à des définitions territoriales et juridiques.

Or, l'impossibilité de vivre dans ce contexte une « vraie » histoire allemande se retrouve dans la formule du Saint-Empire romain « de nation allemande », apparue au XVe siècle, au titre d'un manque ressenti au fil des siècles.

---

[7] Jean-Marie Moeglin, 2001

Néanmoins, et à défaut d'un cadre global, l'Empire a vu naître des « greffes » pour combler un vide aussi bien juridique qu'émotionnel. En effet, *la loi* doit être hébergée par une *patrie*[8], pour des raisons d'appartenance et d'applicabilité. En témoignent les deux codifications du XIIIe siècle, le *Sachsenspiegel* (Miroir aux Saxons) et le *Schwabenspiegel* (Miroir aux Souabes), témoins aussi bien que reflets politiques et juridiques d'une territorialité.

C'est ainsi que vers la fin du XVe siècle l'Empire a commencé à perdre de son lustre universaliste, les concepts de *patrie* ou de *heimat* se situant à des niveaux plus saisissables et donc plus accueillants.

Les aspects socio-économiques de la Réforme luthérienne seront évoqués ultérieurement ; du point de vue institutionnel, il faut insister ici sur le fait que si l'Édit de Worms (1521) avait interdit la diffusion du protestantisme; la Ligue de Smalkalde (1531) des princes et villes libres était favorable à la Réforme, appuyée par François Ier. Or, le Royaume de France faisait toujours partie du Saint-Empire.

Néanmoins, la différence était forte entre des politiques et des conflits armés menés par des princes, des ligues et autres regroupements durables ou éphémères, et la puissance d'une royauté souvent contestée mais toujours fière face à une Allemagne frappée du quolibet de « nation attardée ».

*** Le Royaume de France**

Sans vouloir excuser pareille arrogance, on doit constater que la France a bénéficié d'un élargissement

[8] Pierre Monnet, 2001

continu à partir du territoire de l'Île-de-France, alors que l'Empire s'est vu régresser en termes d'espace et de rayonnement, le déclin de l'universalisme prétendu des premiers temps allant de pair avec la perte d'une volonté politique affirmée. La rupture religieuse intervenue à partir de 1517 a de toute évidence accentué un désarroi sur le plan de la sphère institutionnelle.

Quant à la France, et comme le souligne Pierre Monet, elle n'aurait pas pu évoluer de la sorte sans l'appui du Clergé. C'est ainsi que la cérémonie du sacre qui a lieu à Reims offre au roi l'onction de la Sainte Ampoule. Le Roi de France est donc un laïc investi du pouvoir temporel, et en même temps un fils de l'Église. Néanmoins, il n'est pas le vassal du Pape, de sorte que la monarchie peut se prévaloir du droit divin.

Ce statut très particulier du Roi de France par rapport à d'autres dignitaires, possédait l'avantage d'une justice unifiée. Sans vouloir procéder à un relevé chronologique, on remarque qu'au XVIIe siècle le seul Conseil du Roi est remplacé par plusieurs Conseils spécifiques qui ont à traiter des domaines divers. Une délégation partielle a lieu au bénéfice des cours de Justice, aussi appelées Parlements.

Or, il ne faut certainement pas entrevoir ici un embryon de démocratie, puisque les juges qui président ces « Parlements » ont acheté leurs charges. Ils appartiennent donc nécessairement à la classe des propriétaires et point à celle du Tiers État.

Toujours est-il que le roi s'est engagé par le sacre à défendre la foi catholique, ce qui va de pair avec une politique de prestige pour François Ier dans le contexte de la Renaissance.

Par la suite, l'assassinat de Henri IV par Ravaillac en 1610 s'inscrit en faux contre les efforts de tolérance religieuse, et la centralisation monarchique est à son apogée avec Louis XIV (1645-1715). L'Édit de Nantes est révoqué en 1685 et les protestants français doivent fuir ou se convertir au catholicisme. Cette politique renforce à l'évidence les liens entre la royauté et la papauté, alors que par ailleurs le Saint-Empire s'éloigne du catholicisme.

Nous sommes ainsi en la présence d'une conscience nationale affirmée au Royaume de France, alors que l'Allemagne vit un patriotisme territorial et émotionnel, de sorte que la nation devait rester inachevée jusqu'en 1870.

Or, il convient d'insister sur une particularité « française » qui accompagne le pays depuis les temps anciens et encore aujourd'hui. Ainsi, à la mémoire de Clovis, premier Roi de France converti au Christianisme au IVe siècle et baptisé dans la foi de Nicée, tous les rois de France depuis Charles VIII (couronné en 1483) recevaient le titre de « fils aîné de l'Église », titre transféré au Royaume de France au XVIe siècle.

Ce ne fut qu'au XIXe siècle que l'évocation de « la France fille aînée de l'Église » figurait pour la première fois dans un discours officiel[9]. Nous savons que la Papauté contemporaine pose la question de savoir si la France mérite toujours cette distinction.

---

[9] Discours sur la vocation de la nation française, prononcé par le Père dominicain Henri-Dominique Lacordaire dans la Cathédrale Notre-Dame de Paris, le l4 février 1841.

Ayant retracé ainsi le cheminement institutionnel dans le cadre du Saint-Empire, il s'avère que le clivage est profond du point de vue de notre sujet. Il s'y ajoute que les interprétations des historiens ont elles-mêmes évolué, et ce non seulement sur le plan de la comparabilité entre les deux pays, mais à l'intérieur de chaque pays. Ainsi, si les faits sont établis, leurs significations ne sont souvent pas univoques.

Cette difficulté ne doit pas nous empêcher d'apercevoir sur le plan de cet héritage, des traces dont les reflets nous accompagnent jusqu'à ce jour. Il a été fait allusion à une certaine arrogance française, devant l'enracinement allemand dans un contexte plus limité d'encadrement et de rayonnement. Peut-on parvenir aujourd'hui, sinon à une vision commune, du moins à un accueil positif de ce clivage du passé?

Pour trouver une réponse à cette question au sens d'un « la main dans la main », il faudra attendre de pouvoir peser le poids du présent tel qu'il sera esquissé au Chapitre IV.

Section 3 – Le cheminement au Moyen-Âge

L'interprétation de cette période ne perdra certes pas de vue l'orientation de notre recherche, mais on peut remarquer dès maintenant que ces siècles furent d'abord marqués d'un élan commun porté par le couronnement d'Othon Ier en 962.

La nature venait à l'aide au Saint-Empire avec des conditions climatiques généralement favorables, de sorte qu'il se produisit une forte croissance des populations.

Or, la société était agraire dans l'ensemble de l'Empire, avec une prédominance de l'inculte et une productivité qui restait trop faible pour faire face à des populations toujours plus nombreuses. Certes, de nouvelles sources d'énergie hydraulique et éolienne permettaient de s'engager dans une première révolution industrielle, mais leur apport était insuffisant pour satisfaire les besoins.

Devant cette situation, les seigneurs des terres appartenant au clergé ou à la noblesse, s'engageaient dans une politique de « grands défrichements » exécutés par les paysans qui pouvaient ensuite s'installer sur les terres nouvellement acquises. Si on peut croire les documents de l'époque, ces travaux reposaient moins sur la contrainte que sur l'incitation émanant d'une taxation moins lourde que celle des anciennes terres.

La culture du blé est essentielle, puisqu'il n'existe pas encore de production de pommes de terre. Aussi la viticulture prend son essor, en France aussi bien qu'en Italie du Nord et du Centre, ainsi que la production d'huile d'olive. À partir du XIIIe siècle, la transhumance des moutons rend possible une rotation triennale.

Également au cours du XIIIe siècle renaît une véritable vie urbaine[10] qui n'est certes pas comparable à celle des cités antiques, mais qui conduit à la création des premières universités, ainsi que des foires de Champagne; Paris devient une véritable capitale.

François Menant s'inscrit par ailleurs généralement en faux, du moins pour ce qui est de la France, contre l'interprétation convenue de l'immobilisme du Moyen-Âge, en insistant sur le fait que des transformations

[10] François Menant, 2013 (2009)

essentielles ont eu lieu à partir du XIe siècle. L'immobilisme serait donc celui des livres d'Histoire plutôt que celui de l'Histoire du Moyen-Âge elle-même.

Or, si la croissance au cours de cette période a créé à l'Ouest comme à l'Est de l'Empire la nécessité de gagner de nouvelles terres pour satisfaire la demande de consommation d'une population en hausse, le défrichement s'est déroulé de façon différente à l'Est par rapport à l'Ouest..

En effet, à l'Est le *Reich* menait une politique qui était une véritable « poussée » au-delà des frontières. André Burguière[11] fait état d'interprétations diverses de cette évolution considérée par certains historiens de façon extrêmement négative en affirmant que les peuples slaves auraient ainsi eu à supporter les stigmates de la germanité.

Toujours est-il qu'à défaut d'une intégration formelle dans le Reich, la zone d'influence s'étendait désormais jusqu'à Reval (aujourd'hui Tallin) au Nord et Wroclaw et Cracovie au Sud.

Ces développements favorisaient les échanges, dans la mesure où à l'Ouest l'accent était mis sur la culture viticole et celle de l'huile d'olive près de la Méditerranée, alors que les terres « slaves » servaient à produire du lin destiné à la filature et au tissage.

À l'opposé des mouvements de populations à l'Est, on constate que le Royaume de France a gardé pendant ces siècles une composition citoyenne paysanne, urbaine et intellectuelle assez peu concernée par des composantes venues d'autres contrées, qu'elles aient pu appartenir au Saint-Empire ou non.

---

[11] André Burguière, 1991

En effet, l'Est a vu s'implanter des paysans dont il est difficile de savoir si leur arrivée au cours de nombreuses générations avait été ressentie comme imposée ou plutôt favorablement accueillie. Il est évident que tous ne sont pas restés des agriculteurs, de sorte que leurs descendants ont participé à la création des premières grandes universités telles que Leipzig, et que des liens familiaux se sont formés, ce dont témoignent encore aujourd'hui en Allemagne des arbres généalogiques aux consonances slaves.

Peut-on pour autant parler d'une colonisation ? Les avis divergent, mais nous sommes encore loin des événements intervenus à des siècles d'intervalle dans un contexte douloureux, ce qui vaut d'ailleurs pour l'Allemagne comme pour la France.

En France, des noms à consonance étrangère apparaissent pour l'essentiel nettement plus tard ; on pense bien entendu à l'arrivée d'Arméniens fuyant les massacres turcs. Si ce contexte sera pris en considération ultérieurement, notre recherche nous amène toujours à poser la question de savoir si ces repères très anciens peuvent encore peser sur les consciences collectives des deux côtés du Rhin. Il est difficile d'y croire, de sorte qu'il semble plus opportun de retenir un enrichissement de la culture germanique et donc un apport positif pour l'Empire dans son ensemble.

Par ailleurs, avant de vouloir interpréter les bouleversements intervenus à partir du XIVe siècle, il semble indispensable de nous tourner vers la doctrine et la pratique religieuses telles qu'elles apparaissaient avant la Réforme luthérienne.

« L'économie a pour finalité le salut des âmes et non le profit »[12] (titre du paragraphe p. 96)

Ainsi, les règles de l'économie doivent s'établir en symbiose avec les valeurs chrétiennes, sans s'écarter de ces dernières.

Dans le cadre de notre essai, il peut suffire de mentionner les discussions de l'époque autour du « juste prix » qui doit compenser l'effort du vendeur d'un produit sans pour autant exploiter indûment l'acheteur. De toute évidence, une économie monétaire telle qu'elle existait déjà, ne pouvait guère échapper à cette problématique qui fut traitée avec plus de prudence que de détermination.

La propriété privée paraissait légitime, ce qui se réfère essentiellement à la détention du foncier appartenant aux membres de la noblesse et du clergé.

Par ailleurs, et puisque les valeurs chrétiennes sous-tendent la vie économique, le pauvre a le droit de prendre ce qui lui est nécessaire pour survivre, à partir du superflu du riche, de sorte que de tels agissements n'étaient pas à considérer comme des actes de vol.

Quant à la pratique du taux d'intérêt, elle avait fait l'objet de longs débats, la doctrine théologienne évoluant au fil du temps. De façon pragmatique, le prélèvement d'un taux d'intérêt devenait légitime dans des situations de manque à gagner (lucrum cessans), l'argent prêté n'étant plus disponible pour d'autres usages, de dommage subi (damnum emergens) ou de risque encouru (periculum sortis). Ce dernier cas concernait plus particulièrement « la grosse aventure » où le risque de la perte d'un navire justifiait même un taux d'intérêt très élevé.

---

[12] René Passet, 2010

Néanmoins, et en dépit de ces règles relativement précises, l'économie ne devint pas une discipline autonome, étant donné que Dieu avait créé le monde pour que les hommes en jouissent et se comportent conformément à la volonté divine.

Ce tableau d'ensemble qui pourrait passer pour assez paisible en dépit de nombreux aspects quelque peu flous, doit être complété par des signes annonciateurs des temps plus tumultueux à venir.

Ainsi, depuis le XIe siècle l'Église avait évolué vers une Église du Clergé, de sorte que les laïcs et donc le peuple, s'en sentaient éloignés[13]. Toutes les prestations ecclésiastiques avaient bientôt une valeur monétaire, le système des prébendes (beneficia) se généralisait, et même des années en Enfer pouvaient se « racheter » sous forme d'actes de grâce.

Les Papes devenaient des hommes politiques puissants, et on constate à cet égard la réticence de l'Église allemande à financer les dépenses ostentatoires de la papauté romaine, même si elles étaient destinées en apparence à la célébration de la foi. On pouvait en effet estimer qu'un tel luxe était contraire aux valeurs chrétiennes et à l'image de Jésus salvateur des âmes.

Néanmoins, les cardinaux et les évêques allemands bénéficiaient également de cette ambiance telle qu'elle avait évolué, de sorte qu'ils se distançaient de leur tâche première, d'ordre spirituel, pour jouir à leur niveau d'un bien-être temporel qui révoltait le peuple allemand. Celui-ci était alors maintenu dans un état d'ignorance, l'exemple

---

[13] Axel Gotthard, 2017

le plus cité étant celui de la messe célébrée en latin et donc incompréhensible pour la plupart de ceux qui y assistaient.

Si la Section suivante nous fera avancer et pénétrer davantage dans un Saint-Empire qui, pour citer Goethe, aura de plus en plus de mal à tenir debout, dans l'intérêt de notre sujet il faut d'abord essayer de comprendre pourquoi le désarroi et le mécontentement concernant l'Église et donc la religion se sont manifestés en Allemagne, avant que les documents de l'époque en fassent également état dans les confins du Royaume de France.

Les « Germains » étaient-ils réellement différents des « Gaulois » ?

Toute tentative de réponse à cette question devra rester purement spéculative, d'autant que la description des us et coutumes des uns et des autres souffre de l'absence d'une documentation fiable, l'imprimerie devant attendre l'invention de Gutenberg au milieu du XVe siècle.

Le peuple était donc très largement illettré et soumis en conséquence de la parole des seigneurs, spirituels ou temporels. Dans ce contexte, les communications restaient forcément très limitées, par manque de moyens financiers aussi bien que de moyens de transport.

Devant cette toile de fond, l'éloignement du peuple allemand de la papauté oppressante, fait qu'un clergé allemand qu'on appellerait aujourd'hui « progressiste », s'oppose à l'image malveillante de la nation « arriérée », les seigneurs germains de l'Église romaine souffrant eux-mêmes de l'oppression et de la pauvreté conséquente. Nous sommes en effet loin du personnage du livre de contes sortant du bois vêtu d'une peau d'ours…

Le peuple du Royaume de France était-il malgré tout plus heureux, ou moins malheureux, avant que la contagion de la révolte ne le saisisse ? Même si le recours à l'environnement semble trop facile, il est certain qu'un climat plus clément et donc une vie plus ensoleillée au propre comme au figuré, ont pu jouer un rôle, joints à une certaine légèreté des mœurs telle qu'elle nous a été rapportée.

Aussi le fait d'être loin et peut-être trop loin, de cet Empereur « de nation allemande » a pu faire jouer un sentiment « latin » partagé qui pardonnait les fastes romaines sans pour autant pouvoir les faire siennes.

À partir du XIVe siècle, le Saint-Empire se déchirera dans des révoltes et des guerres qui frapperont ses composantes de façon très différente.

Le passé évoqué jusqu'ici parait plongé dans la nuit des temps, pour ce qui est des consciences collectives des deux côtés du Rhin, bien que l'enseignement de l'histoire prenne volontiers comme point de départ le couronnement de Charlemagne en l'an 800.

Section 4 - Du Moyen-Âge aux Temps *modern*

En ces temps perturbés par la pandémie, les conflits militaires, les communautarismes et plus généralement le changement climatique qui projettent les gouvernements démocratiques dans un embarras planétaire, l'image d'un Nostradamus du XXIe siècle est parfois évoquée pour nous aider à mieux combattre les maux qui nous affligent. Il nous appartiendra d'avancer ensemble sur ce chemin douloureux, alors que la présente recherche insistera sur les souffrances du passé.

* La Guerre de Cent Ans et la Grande Peste

Pour être précis, il faut d'abord remarquer que la Guerre de Cent Ans fut en fait une guerre qui dura 116 ans, de 1337 à 1453. Les caractéristiques les plus remarquables figurent ci-après, mais dans l'intérêt de notre sujet il importe de souligner le fait que cet événement souvent interrompu par des périodes d'une relative accalmie, concernait certes le Saint-Empire, mais que le Royaume de France était prioritairement impliqué dans les batailles, les défaites et les victoires.

On peut considérer qu'il s'agit ici de la première distanciation d'une composante de l'Empire créé jadis par Othon Ier, le conflit séculaire concernant la France et l'Angleterre qui, quant à elle, était toujours restée en dehors de l'entité continentale. Une comparaison avec un passé très récent témoigne d'une attitude qui semble ne pas avoir vraiment changé…

Rappelons pour mémoire que des tensions avaient existé depuis un temps certain entre Capétiens et Plantagenêts, mais que ce fut à la mort de Charles IV, le dernier fils de Philippe IV le Bel que la guerre éclata. Le roi défunt n'avait pas d'héritier masculin et conformément à la loi salique ce fut Isabelle, la fille de Philippe le Bel, qui devait accéder au trône. Or, celle-ci épousa le roi d'Angleterre et eut avec lui un fils, Édouard III. Quand celui-ci devient roi d'Angleterre, il se tourne contre Philippe VI de Valois pour accéder au trône de France, du fait qu'il est le petit-fils de Philippe IV.

Passons sur nombre de batailles pour évoquer le siège d'Orléans par les Anglais en 1428 et le triomphe de Jeanne d'Arc ayant rassemblé les troupes du roi. Charles VII revient alors au pouvoir et récupère progressivement les territoires perdus.

En France évolue alors un sentiment national très fort qui s'établit dans la durée. Néanmoins, ce qui nous importe dans le contexte de notre sujet est l'écho admiratif que rencontre encore aujourd'hui cette année 1428 dans les livres de classe de l'enseignement de l'Histoire en Allemagne. L'admiration pour l'héroïne est telle que la traduction l'appelle *die Jungfrau von Orléans (la* Vierge *d'Orléans)*, en accordant à la France et aux Français cet héritage glorieux.

Ajoutons que les Valois ont réussi à instaurer une fiscalité directe, en affirmant la puissance de l'État grâce à une monnaie stable et une armée professionnelle.

Or, le début de la Guerre des Cent Ans coïncidait globalement avec l'éruption de la Grande Peste (1346 – 1353) dont on a pu dire qu'elle avait été introduite en Europe à partir de l'Iran, sans que ceci ait pu être véritablement établi. Si en France un certain coup d'arrêt a pu être donné à cette maladie dévastatrice dans des villes comme Montpellier, le jeune médecin qui semblait avoir apporté le salut, Nostradamus, ne doit pas figurer comme un messager du ciel : il avait « tout simplement » découvert les bienfaits de la stérilisation et ainsi freiné les ravages de la Peste dans le Midi de la France.

On assiste par ailleurs au cours de ce XIVe siècle à un phénomène plus global qui frappe l'hémisphère Nord dans son ensemble : un refroidissement climatique dont les suites se feront sentir jusqu'au XVIe et même XVIIe siècle. Jointes aux guerres et à la Peste, cette circonstance ayant donné lieu à une forte baisse de la population.

Dans ce contexte, il faut tenir compte également d'une très mauvaise hygiène dans les villes, avec une forte présence de la syphilis conduisant à une baisse de l'espérance-vie.

L'ensemble de ces phénomènes s'est manifesté en France et en Allemagne, bien que la Guerre des Cent Ans ait aggravé la situation au détriment du Royaume.

À partir d'ici, il semble opportun de reprendre le chemin du mécontentement sous-jacent déjà évoqué des populations dans le cadre de la vie quotidienne, temporelle aussi bien que spirituelle.

*** Les guerres paysannes et religieuses**

Les guerres paysannes ont débuté plus tôt en France qu'en Allemagne, et avant de relever quelques facteurs importants les caractérisant respectivement, il peut être opportun de chercher des traces de la vie de jadis dans notre monde actuel.

En effet, les soulèvements des pauvres contre les riches dans les campagnes en France ont pris la forme de conflits territoriaux et régionaux dont on n'ose même pas affirmer qu'ils ont cessé pour toujours : l'image de la Bretagne des années 1960 et même 1990 en témoigne[14].

Revenons en arrière : Le premier soulèvement important en France date de 1358, il se dirige contre la noblesse et la monarchie et témoigne de la famine qui s'était installée dans le contexte des prélèvements trop importants perçus pour financer les conflits de la Guerre des Cent Ans. Comme nous venons de le constater, on

---

[14] André Burguière, 1991

rencontre alors des différences entre le Saint-Empire germanique et le Royaume de France, la Grande Peste se superposant aux guerres en décimant la population tout en l'oppressant ; les « Jacqueries » sont apparues en France bien avant les « Bundschuh » en Allemagne qui seront évoqués par la suite.

Il a été mentionné que l'Est du Saint-Empire avait vu en attendant un mécontentement grandissant devant la prise du pouvoir temporel de la part de l'Église de Rome, de sorte que la publication des Thèses luthériennes en 1517 n'était au début que l'éclatement d'une révolte et d'un désespoir longtemps étouffés.

Le moine Luther avait enseigné à l'Université de Wittenberg qui venait d'être créée, et les Thèses furent affichées en latin et traduites seulement après en allemand, ce qui peut surprendre et témoigne d'une retenue certaine de la part de l'auteur devant de véritables bouleversements des croyances, comme de l'ordre social. Il faut reconnaître que devant les exigences des paysans d'un abaissement de leurs charges, Luther se rangea finalement du côté des « seigneurs », pour ne pas mêler la vie spirituelle et la vie sociale.

Hélas, on ne saurait faire abstraction des nombreux écrits de Martin Luther empreints d'une véritable haine des juifs, sans que des expériences personnelles malencontreuses aient pu sinon excuser ou du moins expliquer cette attitude haineuse[15]. Il est vrai que des persécutions de juifs avaient eu lieu en France bien avant le *XVe* siècle, mais les archives n'en sont pas trop révélatrices, ne serait-ce que parce que l'imprimerie et

[15] Dirk Pilz, 2016

donc une diffusion plus importante n'existaient pas encore.

Après la mort de Luther, les guerres religieuses opposaient en Allemagne les différents duchés restés attachés à la foi catholique ou désormais réformés, ce qui était d'autant plus marquant que, comme nous l'avons déjà souligné, un sentiment véritablement national naîtra en Allemagne nettement plus tard qu'en France, à savoir après la guerre entre la France et l'Allemagne en 1871.

Or, comme le souligne Dirk Pilz, il ne faut pas considérer l'émergence du protestantisme uniquement comme une scission du christianisme, ni comme une victoire sur les ténèbres du Moyen-Âge, mais comme une responsabilisation de l'individu, devant sa croyance comme dans sa vie en général.

Nous voudrions ajouter que cette interprétation anticipe en quelque sorte sur le siècle des Lumières qui défendait le droit au libre arbitre de chacun en condamnant la soumission à la volonté d'autrui.

Néanmoins, si l'idée d'une séparation entre les sphères politique et religieuse progressait, le chemin était long et semé d'embuches.

*** La Guerre de Trente Ans**

Dans la mouvance de la Réformation, les États déterminent leur identité territoriale en fonction de leur choix confessionnel[16]. En même temps, l'instruction générale de la population progresse, et dans les territoires

[16] Tatiana Debaggi Baranova, 2020

d'appartenance réformiste on assiste à un rejet croissant du mysticisme au profit d'une rationalisation de la religion.

Bien que nous ne soyons pas encore au siècle des Lumières, la croyance se détache d'une soumission par rapport à la prêtrise et devient plus individualiste. Ainsi, les conflits acquièrent une dimension européenne qui sera avant tout celle de la Guerre de Trente Ans (1618-1648).

L'Europe entière fut saisie par cet embrasement meurtrier qui avait commencé par la révolte de la Bohême protestante. Pour mettre l'accent sur les relations franco-allemandes, signalons les conflits entre les catholiques d'Espagne et du Saint-Empire, alors que les Principautés allemandes réformées furent rejointes par les forces armées du Danemark et de la Suède.

Il est alors remarquable que le roi catholique Louis XIII devînt l'allié des Réformés, dans le but politique de combattre l'hégémonie des Habsbourg. Pour ce qui fut de la violence des événements, signalons le sac de Magdebourg par les troupes catholiques au prix de 25000 morts.

La paix de Westphalie en 1648 consacre enfin le principe du *cujus regio ejus religio*, tout en acceptant l'existence de villes et sous-territoires pluriconfessionnels.

Or, si la paix de Westphalie doit être saluée comme une étape importante sur le chemin de la tolérance, la révocation de l'Édit de Nantes est un exemple témoignant des tensions confessionnelles continues bien au-delà du XVIIe siècle.

*** La Renaissance**

« L'immense alléluia de la Renaissance »
André Malraux[17]

Le XVe et le XVIe siècle, englobant par leur rayonnement le XVIIe en tant que

Siècle des Lumières, portent l'empreinte de la Réformation, bien au-delà des

Aspects proprement religieux. Nous avions déjà relevé les liens par rapport aux guerres paysannes ;il va de même pour ce qui est du monde intellectuel. En effet, c'est la société dans son ensemble qui aspire désormais à plus de liberté de la pensée, de la parole et de l'expression artistique.

Ce vaste mouvement allait de pair avec un humanisme sorti des ténèbres du Moyen-Âge ; le langage mystique fut désormais dominé par un mode d'expression plus temporel, mieux adapté à l'être humain dans son intégralité, les enseignements platoniciens étant de nouveau reconnus comme faisant partie de la vie de l'esprit. Rappelons que l'ensemble de ce processus bénéficiait de l'invention de l'imprimerie par Gutenberg en 1450.

En suivant l'orientation de notre recherche, et en admettant un certain éclectisme du choix, plusieurs grandes figures de la philosophie, des sciences et des arts de cette période seront évoquées ci-après, avec leurs convergences et leurs différences dans l'espace et dans le temps.

---

[17] Gonzague Saint Bris, 2008

*** Les Philosophes**

Concernant l'Allemagne, et dans l'intérêt d'une familiarisation dépassant le monde des historiens, nous tenons à rendre hommage à **Nikolas von Kues (1401 – 1464).** Son ouvrage *De la docte ignorance (1440)* résume bien l'orientation de son esprit. Ayant vécu et écrit bien avant la rupture intervenue au moment de la Réformation, il osa jeter le doute sur la conception du monde telle qu'elle fut encore au milieu du XVe siècle.

Ami du Pape Pie II, il semble avoir réussi à ne pas trop s'écarter du dogme catholique, en dépit d'un discours humaniste et difficilement conciliable avec la religion chrétienne. Notamment concernant la question de l'infinité de l'univers, il a exercé une influence indéniable sur **René Descartes (1596-1650).**

Or, avant de tourner notre regard vers les philosophes français de la Renaissance, nous voudrions nous référer à un autre philosophe allemand trop peu connu : **Johannes Reuchlin (1495 – 1522).** Pionnier de l'humanisme, né Johannes Pfefferkorn, converti au catholicisme, était philosophe, théologien et juriste. Sa conversion, politiquement opportune en ces temps tumultueux, se justifiait aussi du fait que le judaïsme ne voit pas de vie éternelle, mais une continuité de l'homme sous la forme de sa procréation.

Pour ce qui est de **François Rabelais (1483 ou 1484 – 1583)**, on doit remarquer que l'incertitude de l'année de naissance apparaît comme un signal de l'entropie qui entoure l'œuvre rabelaisienne dans son ensemble. Homme d'Église pour un temps mais ayant quitté l'habit de moine, le philosophe fut médecin et humaniste, chrétien toujours et en même temps libre penseur.

Il peut par ailleurs être considéré comme l'un des premiers romanciers modernes, obligé d'effacer de *Gargantua (1434)* certains termes jugés trop crus pour faire partie de la première édition de l'ouvrage.

Néanmoins, l'essentiel nous semble se situer sur un autre plan : Au XVIe siècle, Rabelais fut accusé d'athéisme en vertu de sa volonté d'accorder à l'homme ce qui devait lui appartenir en tant que phénomène propre de la nature, sans qu'il ait pour autant voulu nier la spiritualité et la divinité.

Nous rencontrons ici une rationalité très éloignée de l'interprétation qui règne aujourd'hui ; la pensée cartésienne offrira la possibilité d'avancer sur ce chemin.

René Descartes (1596-1650).

Avec *Les Principes de la philosophie (1644)* nous rejoignons la philosophie moderne qui signifie pour Descartes que l'âme existe et qu'elle est identique à la pensée. « *Cogito, ergo sum* » témoigne d'une indépendance de l'esprit caractéristique de l'effective renaissance de la pensée antique, libérée du carcan religieux et englobant l'être humain avec toutes ses facultés à exercer dans un monde qui est le sien.

Il s'agit ici d'un idéalisme métaphysique, et d'une conclusion affirmative : dès l'instant où la pensée existe, l'être humain accède à la plénitude de la vie ; le raisonnement logique ouvre les portes de la connaissance de la nature, y compris la nature humaine.

L'œuvre de Descartes ne cessera jamais d'être mise en question. En effet, « l'âme » va-t-elle de pair avec une rationalité qui s'écarte de la métaphysique? Il est par ailleurs étrange, pour ne pas dire déroutant, de lire des manifestations de foi comme celle figurant dans un document adressé au Père Mersenne en décembre 1640, où Descartes se dit « zélé à la religion catholique » ;il devient alors difficile de faire le lien avec les enseignements de la métaphysique.

Vouloir embrasser à la fois la grandeur de l'Univers et l'amour de Dieu est ainsi au centre de la philosophie cartésienne de la religion.

Or, même si une conciliation de ces propos apparemment contradictoires s'avère difficile, la philosophie cartésienne a rapidement dépassé les frontières territoriales et intellectuelles du Royaume, appartenant depuis au monde occidental dans son ensemble.

-* **Les Sciences et les Arts**

S'il est difficile de ne pas insister sur le rôle précurseur de l'Italie sur le plan de la Renaissance, notre sujet nous amène à privilégier les composantes française et allemande, dans l'intérêt d'une comparabilité que nous voyons enrichissante.

Nos options sont ici encore tout à fait personnelles, s'adressant aux savants ainsi qu'aux maîtres de la peinture.

Oronce Fine (1494-1555)

En tant que mathématicien, astronome et cartographe français, il fut notamment l'auteur de la première carte de France « moderne » imprimée, rendue techniquement possible grâce à l'invention de l'imprimerie par Gutenberg au milieu du XVe siècle.

Cet « homme universel » de la Renaissance était en effet à la fois un érudit et un humaniste. Sa mappemonde (recens et integra orbis descriptio) date de 1534-1536 et est particulière en ce qu'elle tient compte des « terres australes » qui donnent à ce qui est aujourd'hui notre globe, la forme d'un cœur.

Par ailleurs, les esquisses qui se veulent précises semblent ne pas séparer l'Asiede l'Amérique du Nord.

Or, si de nombreuses interprétations de la représentation de l'Antarctique, continentde terres rocheuses, passent aujourd'hui pour pseudo-scientifiques, il semble plus pertinent d'y voir une négation implicite de la volonté de considérer notre planètecomme le centre de l'Univers.

Johannes Kepler (1571-1630)

Astronome, physicien et mathématicien allemand, le protestant Kepler a découvert les lois qui font que des planètes tournent autour du soleil. Confirmant les découvertes faites par Galileo Galilei au télescope, Kepler fait partie des fondateurs des sciences naturelles modernes. Aussi ses explications au sujet du calcul logarithmique avaient pu familiariser un public intellectuel avec ce procédé mathématique.

De toute évidence, la découverte des lois planétaires a fondamentalement changé la conception du monde héritée du Moyen-Âge qui voulait que des êtres virtuels gouvernent l'ensemble des planètes en mouvement.

Pour lui, le soleil agissait de loin sur les planètes, et cette dynamique était la manifestation d'une harmonie voulue par le créateur.

Pour Kepler, Dieu avait fait que lui, l'étudiant en théologie, se tourne vers l'étude des astres. Fondamentalement croyant, il considérait notre monde comme étant saisissable parce que naturel, un miroir des conceptions divines. L'esprit humain, œuvre du créateur, devait s'incliner devant la volonté divine.

Même si cette dernière affirmation peut aujourd'hui faire sourire, **Fine** aussi bien que **Kepler** ont contribué de façon importante à l'ouverture des esprits en les libérant du carcan du Moyen-Âge.

Au siècle des Lumières naît **Gottfried Wilhelm Leibniz (1646-1706)** qu'il eut été légitime d'évoquer parmi des philosophes, tant son esprit s'adressait à un vaste éventail de domaines : au-delà de la philosophie, les mathématiques et la logique, lui doivent en effet des avancées importantes. Enseignant à l'Université de Leipzig dans l'Est du Saint-Empire, il avait certes était influencé par Descartes, mais son optimisme est tel qu'il nous fait presque sourire aujourd'hui.

En effet, deux citations peuvent en témoigner :

« Toute substance est comme un monde entier et comme un miroir de Dieu ou bien de tout l'univers, qu'elle exprime chacune à sa façon, à peu près comme une même ville est diversement représentée selon les diverses situations de celui qui la regarde ».

« Dieu n'est pas la cause du mal..., la racine du mal est dans le néant, c'est-à-dire dans la privation ou limitation des créatures »[18].

De l'optimisme de Leibniz témoigne encore le fait que, protestant, il s'est rendu à Munich en 1687, dans une ville catholique, où existaient alors de fortes tensions religieuses.

Toujours devant la toile de fond du voisinage franco-allemand, la mention de deux grandes personnalités de la peinture de la Renaissance, devra nous servir de repère.

-Albrecht Dürer (1471-1521)

Le peintre le plus populaire en Allemagne est en même temps un artiste énigmatique. Ses autoportraits mélancoliques traduisent le doute de soi et l'attachement à un réalisme très éloigné de l'idéalisation propre aux représentations italiennes de l'époque.

Nous rencontrons ici la Renaissance dite « nordique », plus sobre et déjà annonciatrice du rejet d'un culte dont les exigences matérielles privaient souvent le peuple d'y voir un reflet de la vie.

Dès son jeune âge, Dürer maîtrisait à la fois les techniques de l'aquarelle, de la peinture à l'huile et à la gouache, du dessin et de la gravure ; les dimensions de ses œuvres étaient généralement réduites, ce qui a sans doute contribué au succès de son travail de son vivant.

---

[18] Gottfried Wilhelm Leibniz, 1686 pour les deux citations.

Par ailleurs, on observe chez Dürer une finesse quasiment artisanale, l'exemple le plus parlant étant peut-être *Le Lièvre* dont les reproductions décorent encore aujourd'hui les salons sinon les chambres d'enfant.

Ainsi, on est tenté de conclure que Dürer a donné à la postérité un bonheur qu'il semble s'être refusé à lui-même.

Antoine Caron (1521-1599)

Représentant de l'École de Fontainebleau, son œuvre la plus connue, *Les Massacres du Triumvirat* se trouve au Louvre et témoigne de l'attachement des artistes de la Renaissance à l'histoire de l'Antiquité. En effet, ce tableau relate les atrocités commises en 43 av. J.C. au cours des guerres civiles romaines.

Or, il convient de voir les peintures de Caron, comme celles d'autres peintres de la Renaissance française, dans le contexte du désarroi causé par le sac de Rome en 1527. Devant l'horreur de cet événement, l'humanisme de la Renaissance était en errance et peinait à retrouver le chemin de l'évolution tracé par la sortie du Moyen-Âge et de l'obscurantisme.

Ainsi, Caron est le symbole du Maniérisme français qui jusque-là avait appartenu aux artistes italiens. Le Maniérisme est donc une réaction aux violences qui semblaient avoir anéanti les progrès de l'humanité. La Cour de Henri II et de Catherine de Médicis avait accueilli en tant que peintre officiel cet artiste, en saluant sa distanciation par rapport à un proche passé et présentant, bien que souvent de façon affectée, des aspects plus rassurants de la vie.

En conclusion, l'ensemble de ce paragraphe qui a évoqué des savants et artistes des XVe, XVIe et XVIIe siècles, a permis de témoigner du renouveau de la pensée et de la créativité apporté par la Renaissance, tout en soulignant les clivages conceptuels entre les personnalités citées. Dans les limites de notre sujet, nous estimons que cette période a légué un héritage précieux aux Français comme aux Allemands, quelles que puissent être les préférences des uns et des autres.

Le choix volontairement éclectique de la Section 4 a ainsi voulu marquer, sur le plan de la connaissance et de la créativité, la fin du Moyen-Âge et le début des Temps modernes.

Une rétrospective franco-allemande est alors, elle aussi, trop subjective pour se vouloir affirmative. Néanmoins, si les sciences ont rapidement trouvé leur chemin vers l'ensemble des pays européens, les arts peuvent être considérés comme plus spécifiques : bien avant les bouleversements de la Réformation, et davantage encore par la suite, les ouvrages nés des artistes dans l'Est du Saint-Empire paraissent plus « nordiques » dans leur sobriété que ceux des peintres français qui portent pour beaucoup d'entre eux une empreinte « latine ».

Le visiteur du Louvre comme celui de la Pinacothèque de Munich en garderont le souvenir d'une riche diversité.

Section 5 – La vie quotidienne des peuples

Cette Section marque un regard en arrière, pour accompagner les populations sur les chemins du millénaire, ce qui devra faciliter l'interprétation de nombreux repères historiques mentionnés préalablement.

On constatera une assez grande similitude du développement entre les contrées germaniques et celles du Royaume de France, tout en retenant des différences reposant sur la configuration politique et celle de la féodalité.

En effet, la civilisation urbaine ne redevient dominante qu'à partir du XIIe siècle, de sorte qu'il faut d'abord nous tourner vers la vie paysanne qui évoluait progressivement de la servitude vers la propriété[19].

*** Les paysans au Saint-Empire**

La vie, la vraie, et non seulement celle des statistiques nous parle de l'ouvrage d'André Burguière.

Ainsi, on peut affirmer que s'il n'existe pas dans le Saint-Empire d'« esclavage » au sens propre du terme, la condition paysanne n'est guère meilleure.

Or, avant d'évoquer plus concrètement les conditions de vie des paysans, il convient de faire état de l'attitude du christianisme vis-à-vis de la servitude. Certes, le christianisme ne pouvait tolérer l'esclavage (en droit romain, l'esclave étant considéré comme une chose), mais *l'asservissement* au statut complexe était toléré. La fuite vers la ville était alors une possibilité pour accéder à la liberté (cf. infra), pourvu que le *servi* ne soit pas ramené de force sur les terres.

Cette évolution était due au fait que dès le XIe siècle avait eu lieu un processus d'appropriation des terres par les féodalités, au Royaume de France comme dans l'Est du Saint-Empire ; cette prise de possession englobait en réalité les hommes avec leur force de travail. La

[19] André Burguière, 1991

soumission des paysans devenait souvent encore plus dure du fait que les seigneurs devaient payer des sommes d'argent à l'Empereur ou au Roi pour que les paysans de leurs territoires puissent être exemptés du service armé au cours des nombreux conflits.

L'essor économique des XIIe et XIIIe siècles avait pour conséquence un accroissement important de la population paysanne, ce qui permettait aux seigneurs de baisser les salaires, du fait que l'offre de travail était souvent supérieure à la demande.

La condition paysanne s'est trouvée fondamentalement changée du temps de la Grande Peste au XIVe siècle, puisque la main-d'œuvre était désormais rare et donc susceptible d'être mieux rémunérée. En même temps, des familles paysannes pouvaient regagner leurs terres, de gré ou de force, la féodalité étant de plus en plus méprisée du fait de son oisiveté et d'une exploitation de la classe paysanne, ce qui avait pour conséquence les Jacqueries en France et les groupements des Bundschuh[20] en Allemagne.

En ce qui concerne les Bundschuh, il s'avère que les paysans de l'Est se défendaient assez mal contre les seigneurs, du fait de l'émiettement du territoire en une multitude de principautés, ce qui rendait plus difficile des actions communes, alors que les Jacqueries parvenaient à une certaine unité portée par un sentiment naissant de fierté nationale.

De toute manière, les conditions de vie de la paysannerie étaient misérables pendant environ 200 ans,

---

[20] En français « les Rustauds » ; l'origine du mot désigne une pièce de cuir tenue par une lanière autour du pied.

une véritable évolution, bien que contrastée, n'intervenant qu'au XVIe siècle (cf. infra).

La nourriture était à base de céréales, orge, seigle et blé. Quant à la pomme de terre, probablement d'origine chinoise ou indienne, la Bavière fut la première région en Europe où ce légume avait été planté pour la première fois par des agriculteurs en 1647. Il faut croire que le succès n'était pas immédiat, puisqu'il fallait un Édit du Roi de Prusse Frédéric II en 1756, l'Édit des pommes de terre (*Kartoffelbefehl*), ordonnant à tous les responsables locaux d'imposer cette culture aux agriculteurs.

Rappelons simplement qu'en 1756 avait commencé la Guerre de Sept Ans, un conflit meurtrier aussi bien en Europe qu'en Amérique du Nord, et considéré de ce fait comme la Première Guerre mondiale.

Dans l'intérêt de notre sujet, il suffira d'indiquer que Parmentier, fait prisonnier, découvrit alors la pomme de terre en Allemagne, et que sans considérer que le plat de purée possédait des qualités gustatives remarquables, il avait emporté quelques exemplaires à son retour en France.

Entretemps, les avancées de la métallurgie avaient facilité la construction d'outils agricoles plus performants, de sorte que la culture de la pomme de terre faisait son chemin au Royaume de France, sans qu'elle y ait atteint l'importance qui est la sienne encore aujourd'hui en Allemagne.

* Les Territoires et les Villes

À partir du XIII*e* siècle se produit un mouvement des villageois vers les villes, du fait de la crise agricole, jusqu'à la nouvelle reprise démographique et économique qui débutera approximativement à la fin du XVe siècle. Entretemps, de nombreux villages avaient été abandonnés, alors que les habitants avaient été attirés par l'idée de meilleures conditions de vie dans les villes. Même si l'illettrisme était toujours dominant dans les campagnes, l'imprimerie était désormais porteuse d'une diffusion beaucoup plus importante de l'information dans tous les domaines.

Les villes bénéficiaient en effet d'un cadre de droit différent de celui des campagnes, qui s'appliquait à tous les habitants à l'exception des juifs et du Clergé. Favorable au Clergé, le droit des villes constituait une menace permanente pour les juifs, que ce soit en Allemagne ou en France. Ils furent souvent chassés en dehors des murs, soupçonnés de tous les maux frappant les citoyens.

Dans le cadre de notre recherche, on constate que la contrainte féodale et seigneuriale était en effet moindre dans les villes. On a ainsi pu dire vers la fin du Moyen-Âge en Allemagne, que « l'air de la ville rendait libre » (*Stadtluft macht frei)*. Néanmoins, cette liberté allait de pair avec une nouvelle forme de pauvreté des paysans arrivés des campagnes et peu intégrés par la bourgeoisie qui les considérait comme main-d'œuvre soumise et exploitable.

Bien que ce mouvement séculaire ait pu être constaté partout dans le Saint-Empire, il était particulièrement remarquable en Allemagne, du fait de sa forte diversification dans l'Est du pays. Il a déjà été fait allusion au temps des défrichements qui avaient fait leur chemin en France en allant de l'Est vers l'Ouest, en partant de l'Île-de-France, alors qu'en Allemagne la voie était tracée pour conquérir des terres incultes à l'Est.

Même si ces terres slaves ne possédaient pas une population très dense, on assistait néanmoins à un exode vers le centre de l'Empire. On peut citer le cas de la ville de Bautzen[21] où l'afflux des Slaves était très fort au fil du temps. Leur intégration était d'autant plus difficile qu'ils ne parlaient pas la langue allemande, de sorte qu'ils vivaient le plus souvent dans des huttes au-delà des remparts de la ville.

Pour poursuivre avec cet exemple, les registres de la ville de Bautzen signalent 35% de Slaves vers la fin du Moyen-Âge, sous la dénomination de « pauvres », sachant qu'était considéré comme « pauvre » celui qui ne payait pas l'impôt et qui n'était donc pas enregistré comme citoyen.

Même si les sources bibliographiques sont relativement éparses, ce mélange ethnique ne fut guère ressenti comme un enrichissement culturel, l'arrogance des Allemands vers les Slaves dépassant peut-être celle des Français dont certaines archives mentionnent une « nation arriérée » en parlant des Allemands, en dépit de l'absence même d'une « nation allemande » au Moyen-Âge (cf. supra).

De façon plus générale, s'agissant de villes allemandes ou françaises, nous constatons surtout vers la fin du Moyen-Âge une emprise économique et sociale des villes sur les campagnes[22].

---

[21] Philippe Dollinger, 1970
[22] Denis Menjot,, 2012

Pour bien situer le contexte, il faut souligner que les deux modes de vie n'étaient pas parfaitement séparés. On rencontrait dans les villes de l'Empire des activités agricoles accessoires sous forme de jardins potagers, étables à cochons et similaires. À l'opposé, les paysans avaient développé une certaine activité artisanale. Néanmoins, des activités comme celle du textile impliquant une main-d'œuvre formée en matière de filature et de tissage, ne pouvaient prospérer qu'en ville.

Dans l'ensemble, l'emprise des villes sur les territoires devenait manifeste, à cause de la pénétration du capital urbain, comme le signale Philippe Menjot. Cette évolution concernait aussi bien la classe des Seigneurs avec ses monastères, hôpitaux et autres propriétés, que les nouvelles élites urbaines qui achetaient des biens fonciers souvent éloignés de leurs villes.

La domination foncière avait logiquement engendré une dépendance financière par la voie du crédit.

Il convient alors de remarquer qu'en périodes de croissance et donc le plus souvent d'inflation, celui qui s'endette n'est pas forcément perdant. Cette situation était celle de la fin du XVIe siècle où on trouvait en France comme en Allemagne, une paysannerie enrichie et dynamique, à côté de paysans pauvres pour qui même l'accès au statut de métayer était exclu et qui continuaient donc de vivre dans un état de dépendance qui avait été celui de leurs ancêtres.

Toujours est-il que la ville était le lieu des échanges. Rappelons à cet égard le nom des Fugger, une famille résidente en Souabe, à Augsbourg, depuis 1367, et dont les activités avaient fini par dépasser le commerce pour se concentrer parallèlement sur la finance. En Allemagne, ce nom possède à ce jour une résonance porteuse de fierté, comme il est généralement vrai que le succès reposant sur du travail (fut-il dérivé) bénéficie encore aujourd'hui de l'admiration des citoyens allemands[23].

Ajoutons que, fait exceptionnel, les Fugger avaient obtenu de l'Empereur Charles V le privilège de battre monnaie. Ceci étant, les États allemands utilisaient de nombreuses monnaies, mais essentiellement et pendant longtemps, le Thaler dans le Nord et le Florin dans le Sud. Ce ne fut qu'en 1871, au moment de la création du Reich, qu'une monnaie unique, le Mark, fut introduite.

Le Franc français est beaucoup plus ancien, puisqu'on le rencontre pour la première fois en 1360 dans le contexte des tourments de la Guerre de Cent Ans, sans qu'il eût été pour autant une monnaie nationale. Ce ne fut qu'au mois de Germinal, en 1795, que le Franc accéda à cette distinction.

Revenons au Moyen-Âge et au Saint-Empire déclinant en tant que puissance devant la multiplicité des féodalités dans la partie orientale ; on pourrait alors s'étonner que le Royaume de France n'ait pas réussi à faire émerger un regroupement d'intérêts économiques comparable à celui de la *Hanse.* On y reviendra après avoir procédé à une analyse de la constitution de cet ensemble qui a dominé le commerce de l'Europe du Nord pendant des siècles et dont on a pu dire qu'il avait été un précurseur de l'Union européenne[24].

---

[23] Ulf Kadritzke, 2021
[24] Tristan Gaston-Breton, 2013 (2019)

*** La Hanse**

Les origines de la Hanse datent de l'année 1241, lorsque les villes de Lübeck et de Hambourg s'étaient associées pour gérer ensemble leurs flux d'échanges. Or, bientôt son domaine d'influence dépassait les frontières, devenant quelque peu floues elles-mêmes au fil du temps, du Saint-Empire. C'est ainsi que du XIIIe au XVe siècle la Hanse comptait jusqu'à 200 villes membres.

Lübeck avait été fondée en 1158, lorsque les ducs de Saxe s'étaient emparés du Mecklembourg et de la Poméranie, de sorte que les villes et les ports de la Baltique pouvaient désormais accueillir des navires chargés de marchandises depuis des villes aussi éloignées que Bruges.

Il est un fait qu'au moment de l'association entre Lübeck et Hambourg en 1241, l'Allemagne était victime des conflits entre l'Empereur et le Pape, engageant l'armée en Italie, de sorte que les villes se trouvaient sans protection souveraine et livrées aux attaques de pirates en mer comme à terre.

On sait que cette situation allait durer longtemps, et qu'en conséquence les liens entre les villes, qu'il s'agisse de Cologne, de Berlin, de Cracovie, de Magdebourg ou de Reval (Tallin) devenaient essentiels pour assurer les échanges entre l'Ouest et l'Est de l'Empire. Au XVe siècle, La Rochelle était intégrée dans la Hanse, et au XVIe siècle certains ports espagnols et portugais accueillaient ses navires.

L'instrument financier dominant était alors la lettre de change inventée au XIIe siècle par l'Ordre des Templiers et qui, négociée par les banquiers, permettait de payer dans la monnaie du pays. Ce fut d'autant plus nécessaire que depuis la fin du XIIIe siècle, le commerce caravanier des débuts était devenu un commerce sédentaire qui évitait de fréquents déplacements[25].

Ainsi, l'époque de la Hanse va du XIIIe jusqu'au XVIIe siècle, la dernière grande rencontre hanséatique (*Hansetag*) ayant eu lieu en 1669.

Néanmoins, avant d'insister sur les raisons du déclin, il peut être intéressant de poser de nouveau la question de la comparaison entre la Hanse et l'Union européenne dont les origines datent de 1957 (Traité de Rome).

Or, nous estimons que les différences l'emportent sur les similitudes. En effet, la Hanse était dépourvue dès ses origines et jusqu'à la fin de ses activités, de toute structure formelle. Elle était sans frontières bien définies et n'avait ni police ni armée, de sorte que sa prospérité était due à l'intérêt qu'elle suscitait auprès de ses partenaires d'échanges. Cette fluidité unique dans l'histoire était son atout principal ; elle était à la fois offreur et demandeur, grâce au rayon territorial qui englobait quasiment toute l'Europe.

Une juxtaposition avec l'Union européenne échappe difficilement à un certain cynisme, dans la mesure où la communauté d'intérêts soulignée aujourd'hui de façon très officielle par les textes, se heurte à des préférences nationales reposant non seulement sur des considérations économiques mais également politiques, notamment à l'approche d'échéances électorales. Il peut suffire

[25] Pierre Jeannin, 1967

d'invoquer la politique sanitaire actuelle qui a parfois du mal à trouver un dénominateur commun.

Les causes du déclin de la Hanse étaient à la fois la pénétration des Hollandais dans le commerce de la Baltique et une politique toujours plus nationale des États, telle que la fermeture du Kontor (Comptoir) de Novgorod en 1494 et du Kontor de Londres en 1603. Il s'y ajoutait une politique individualiste et mercantiliste des ducs territoriaux allemands, interdisant souvent aux villes d'être membres de la Hanse. Par ailleurs, le marché intérieur gagnait progressivement en importance, l'exemple le plus souvent cité étant celui du marché des fourrures de Leipzig[26].

Comment expliquer que le Royaume de France n'ait connu rien de comparable à l'organisation de la Hanse? Il faut alors se souvenir de la Guerre de Cent Ans (1337-1453) dont les nombreux conflits interrompus seulement par de courtes périodes de répit avaient engagé les forces du Royaume et détourné l'intérêt d'activités plus gratifiantes.

Citons l'exemple de la ville de Mantes-la-Jolie : du XIe au XVe siècle, mais surtout pendant la Guerre de Cent Ans, la ville était un enjeu militaire et économique important. Ainsi, en 1417 Jean Sans Peur s'appropriait les ponts sur la Seine, comme ceux de la Marne et de l'Oise, en vue d'affamer la capitale proche et vaincre les Armagnacs[27]. Rappelons qu'au XIIIe siècle le roi Philippe Auguste avait accordé à la ville de Mantes le droit de prélever une *hanse*, une taxe fluviale au bénéfice de la ville.

---

[26] Günter Naumann, 2007
[27] Pierre-Henri Guittonneau, 2012

D'autres villes accompagnant la Seine jusqu'à l'embouchure avaient procédé de façon similaire, en étant tôt ou tard aux prises avec le bon vouloir du Roi ou autre seigneur.

Il semble justifié de conclure que la Hanse germanique avait connu une longue période de prospérité et d'enrichissement pour les nombreuses villes-membres, alors que la plupart des villes françaises avaient pâti des déchirements quasiment incessants imputables au contexte politique et aux faits d'armes.

On rencontre ici une juxtaposition surprenante : la Hanse avait réussi à s'affranchir en quelque sorte des obstacles propres à la multiplicité des principautés, alors que le manque de dynamisme du Royaume de France consécutif à l'épuisement des forces avait eu pour conséquences la défense d'intérêts locaux.

Pour revenir au contexte général, il n'est guère possible de conclure que la vie des peuples était meilleure, au sens de l'ensemble des composantes matérielles et immatérielles, dans l'Est de l'Empire par rapport au Royaume de France. L'enrichissement des uns allait partout et toujours de pair avec l'appauvrissement des autres, ce dont témoigne la splendeur du château de Versailles.

Section 6 – L'Économie politique naissante

Rappelons que le terme d'« économie politique » apparait pour la première fois chez Antoine de Montchrestien de Watteville (1575-1621) : Son *Traité d'Économie politique*, de 1616, était dédié à Louis XIII[28].

[28] Jacques Valier, 2005

L'auteur, poète et économiste, a dû choisir ce titre en guise de reconnaissance du fait que l'économie ne saurait constituer une entité autonome, mais qu'elle évolue en symbiose avec la politique, les interprétations étant depuis toujours des plus diverses.

En effet, le Moyen-Âge dans le contexte du Saint-Empire a vu émerger deux courants de pensée opposés, celui des Mercantilistes et celui des Physiocrates.

*** Les Mercantilistes français**

Or, si l'auteur cité défend le Mercantilisme, il faut savoir qu'il ne s'agit pas d'une théorie à proprement parler, mais d'un ensemble de constatations qui conduisent à l'élaboration de règles à suivre. Ceci vaut généralement pour le Mercantilisme dont la soumission à la Royauté constitue le gouvernail pour ce qui est de la France.

Chez les mercantilistes, la puissance nationale doit s'appuyer sur la richesse. Cette richesse est à la fois celle de l'État et celle des personnes privées, puisque l'industrie et le commerce doivent engendrer des profits qui alimentent le secteur public sous la forme des impôts ; en même temps, les exportations de biens manufacturés créent des rentrées d'or.

Dans cet univers, il n'y a guère de place pour la philosophie et la morale, seul l'enrichissement compte.

En vue d'atteindre les objectifs visés, les mercantilistes concluent à la nécessité d'une croissance la plus forte possible, ses composantes étant essentiellement l'abondance en hommes et en argent, sachant que la

Grande Peste et les disettes avaient laissé l'Europe entière exsangue.

Ceci étant, le travail ne doit pas seulement être abondant, il doit aussi être bon marché. Dans le cadre de notre recherche, nous n'insisterons pas sur les formes particulièrement inhumaines que cette politique avait produites en Angleterre. En France, l'accent était mis sur les salaires les plus bas possible, pour faire en sorte que les ouvriers soient contraints de travailler jusqu'à la limite de leurs forces pour être en mesure de nourrir leurs familles.

Au XVIe siècle, les conquêtes coloniales ont apporté une abondance d'argent qui faisait baisser les taux d'intérêt en stimulant l'investissement. Si ce raisonnement parait juste en tant que tel, tout est ici question de mesure.

En effet, l'État, donc le Roi, prélève l'impôt qui ne doit pas être excessif pour que l'investissement privé puisse avoir lieu. Pour ce qui est des recettes publiques, elles ne doivent pas priver la population de couvrir ses besoins de base et ne pas porter atteinte à la force de travail au sens propre du terme, tout en sauvegardant la démonstration de la splendeur de la Royauté.

En France, le représentant principal de la politique mercantiliste est Jean-Baptiste Colbert (1619- 1683). Le développement de l'industrie et du commerce entrainait la négligence de l'agriculture ; en même temps avait lieu l'unification des systèmes douaniers et de marché, ainsi qu'une centralisation des compétences accompagnée d'une réglementation de la production et d'une réforme fiscale accueillies très favorablement par Louis XIV.

Par ailleurs, une thèse mercantiliste, encore chérie par certains économistes aujourd'hui, a ses origines chez **Jean Bodin** (1530-1596). En effet, dans son ouvrage paru en 1568, *Réponse aux paradoxes de Monsieur de Malestroit,* il affirme que l'accroissement de la monnaie en circulation conduit à une hausse des prix. Ce sera plus tard, comme le souligne Jacques Valier, la base de la théorie quantitative de la monnaie. La faille est néanmoins toujours la même : cet effet se produit seulement si la demande ainsi stimulée rencontre une offre qui ne l'accompagne pas.

Nous nous sommes permis d'insérer cette réflexion, puisque la politique monétaire continue de susciter des divergences d'opinion, y compris entre les partenaires allemands et français de l'UE, du temps de l'Euro.

Toujours au sujet de Jean Bodin, on trouve un hommage qui lui fut rendu par le Président Emmanuel Macron dans son discours célébrant les 150 ans de la proclamation de la République par Léon Gambetta[29]. Étant donné les thèses de Bodin, on peut s'étonner d'une telle référence, mais il est vrai que le Président a souligné dans son discours la nécessité pour le pouvoir, de gouverner tout en respectant les lois de la nature.

Quelles seraient alors ces lois de la nature? Avoir du travail et jouir de la vie ? Si le temps le lui avait permis, le Président aurait pu découvrir des réflexions qui chez Jean Bodin étaient bien plus complexes.

[29] Thomas Flichy de La Neuville 07-09-2020

* Les Mercantilistes allemands

Si les archives consacrent bien moins de place au mercantilisme allemand qu'à celui pratiqué en France, il convient de souligner l'essentiel de son profil.

C'est alors la personnalité de **Veit Ludwig von Seckendorff** (1626-1692) qui se détache, d'abord dans la mesure où il est considéré comme le premier représentant allemand de l'économie politique.

À l'issue de la Guerre de Trente Ans, il avait créé le « Kameralismus » (Caméralisme) allemand dont les principes sont très proches de ceux du mercantilisme français.

Il faut à cet égard tenir compte du fait que la Paix de Westphalie de 1648 avait retenu plus de 300 Principautés allemandes indépendantes, ce qui témoigne de la complexité extrême de toute gouvernance.

Veit Ludwig von Seckendorff n'était pas un homme politique ; il était un administrateur qui dirigeait le Tribunal de Gotha aussi bien que l'Université de Halle (Saxe). On lui doit un manuel de droit public allemand (*Teutscher Fürstenstaat) (l'État des Seigneurs allemand)* (1656 et 1678), mais aussi une apologie de la Réforme luthérienne (*Der Christenstaat [*La Chrétienté], *1685)*. Dans ce dernier ouvrage, il défend des pensées proches de celles de Pascal.

Certes, ce mercantiliste « atypique » était aussi un contemplatif ; néanmoins, il ferait aujourd'hui figure d'« économètre », dans la mesure où certains économistes de cette obédience ne délaissent pas la réflexion aux bénéfices des algorithmes.

Néanmoins, les objectifs du « Kameralismus » allemand restent très près de ceux du mercantilisme français : il faut alimenter le Trésor du Prince (« camera principi ») et développer la population (« Peuplierung »), la richesse d'un pays étant fonction du nombre d'habitants et du poids du Trésor Public.

Or, à l'opposé de Veit Ludwig von Seckendorff, d'autres mercantilistes allemands aussi bien que français défendaient une pensée économique à la fois pragmatique et laïque.

Quel que soit le jugement moral que l'on puisse porter sur le Mercantilisme ou le Kameralismus, il est évident que l'efficacité de la gestion se dessine plus facilement dans le cadre d'une entité nationale que lorsqu'elle se heurte aux confins d'une petite principauté.

Heureusement, on a dépassé depuis longtemps des deux côtés du Rhin, l'idée de la primauté des activités commerciales, non seulement pour cause d'absence d'une base théorique, mais également en réalisant les dangers graves d'une telle orientation pour la planète.

*** Les Physiocrates français**

Il s'agit très globalement d'une réaction à l'encontre du Mercantilisme, et de l'émergence d'une véritable théorie dont le représentant le plus éminent est **François Quesnay** (1694-1774). Son ouvrage phare « *Le Tableau économique* » fut publié en 1758 et constitue une attaque en règle contre les prétendues thèses mercantilistes.

S'il est relativement complexe, les détails peuvent être trouvés dans une abondante littérature ; dans le cadre de notre sujet, il conviendra plutôt de tenir compte de ce qui pourrait différencier les physiocrates français des physiocrates allemands.

François Quesnay cherche à mettre en relief les lois économiques qui gouvernent les activités humaines, en dépassant le pragmatisme mercantiliste. Pour lui, ces lois sont des lois naturelles, de sorte que l'évolution économique dépend du respect de ces lois.

Il s'en suit que l'agriculture est la base de la prospérité de l'État. L'analyse de Quesnay est une analyse en circuit impliquant la production et la circulation des biens en retraçant leurs interdépendances au plan national. L'analyse des physiocrates français est ainsi décidément macroéconomique.

Quesnay et les physiocrates en général défendent le droit de propriété ainsi que la liberté économique, ces deux principes étant dérivés de la conception de l'ordre naturel.

L'annonce du libéralisme est établie, même si la précision suivante est importante : pour Quesnay, la nature gouverne, sur la base de ses lois à la fois morales et logiques. Chez les économistes classiques, le principe dominant sera celui de l'équilibre qui ne saurait être perturbé par des interventions réglementaires.

Jacques valier souligne que, pour Quesnay, l'agriculture possède l'avantage majeur de nous offrir un « don gratuit » qui est celui de la terre. Par contre, la valeur de la production industrielle est égale à sa dépense en biens d'équipement et en salaires, il n'y a pas de produit net comme dans l'agriculture, et cette activité est donc « stérile ». La même « logique » s'applique aux activités commerciales, également stériles.

Alors, si le « don gratuit de la terre » revient au secteur de l'agriculture, on ne saurait s'empêcher de la réflexion présente dans la pensée et même, bien que dans une moindre mesure, dans l'action contemporaine : nous avons déjà gaspillé une grande partie de ce don, de sorte qu'il nous incombe de sauver ce qui peut encore l'être.

Il aura fallu ce bref discours pour mettre en relief la faille essentielle de la théorie physiocratique : comme il figure dans l'ouvrage de Jacques Valier, Quesnay et les physiocrates ne veulent pas reconnaître l'aspect de système pourtant inhérent au fonctionnement de l'économie. Ce système ne saurait être le fruit de lois naturelles, il est le produit de l'histoire qui est celle du capitalisme.

*** Les Physiocrates allemands**

Le héraut parmi eux est **Johann August Schlettwein (1731-1802),** auteur de nombreux textes portant sur des questions éthiques, religieuses, métaphysiques et de sciences naturelles. Ayant occupé différents postes d'enseignant universitaire et de conseiller de la Cour de plusieurs Principautés, il s'est inspiré de physiocrates français tels que Gabriel de Riqueti et Pierre Samuel du Pont de Nemours.

Son ouvrage le plus important « *Grundfeste de Staaten oder die politische Oekonomie* » *(*Les bases de l'État ou l'économie politique) date de 1779. Dans les années 1770, Schlettwein avait réalisé la seule tentative connue d'une réalisation pratique du système physiocratique dans trois villages du Land de Bade. Il y avait introduit le

« Einsteuer » (impôt unique) et considérait ces tentatives comme des succès, alors qu'il était vivement critiqué.

Ainsi, Schlettwein avait le mérite d'une transposition, considérée comme une réussite ou un échec, des théories physiocratiques sur le terrain, alors que les physiocrates français étaient restés dans le cadre de l'analyse théorique.

Or, il est un fait que le leader des physiocrates allemands avait eu la malencontreuse idée de vouloir dépasser son domaine propre en attaquant des auteurs tels que Kant et Goethe. Peut-être fut-ce pour cause de frustration de ne pas voir ses initiatives suffisamment soutenues par les Princes de son temps.

Globalement, on constate chez les physiocrates allemands et français la volonté avérée de dépasser le mercantilisme, pour des raisons d'éthique aussi bien que d'analyse du fonctionnement de l'économie.

En ce qui concerne la suite de l'évolution des théories économiques, il est vrai que les représentants les plus importants ont vu leurs œuvres naître à la fin du XVIIIe siècle, alors que le rayonnement de leurs thèses se situe au XIXe siècle. Pour cette raison, l'évolution de la théorie de l'économie classique sera esquissée au Chapitre II.

Conclusion au Chapitre I

Nous avions voulu savoir dans quelle mesure le passé lointain du millénaire que fut le Saint-Empire a laissé des traces dans la mémoire des citoyens français et allemands d'aujourd'hui. Ce faisant, il est indéniable que l'enseignement des jeunes y joue un rôle primordial :

l'histoire en tant que matière peut être différemment perçue, en fonction de l'apport pédagogique.

Si le complément du titre de ce Chapitre fait référence à « la nation allemande », les ouvrages actuels lui donnent souvent une autre allure, ce dont témoignent les publications de Günter Naumann pour qui cette époque figure en tant que « das alte Reich » *(le vieil Empire).* On peut y voir un désir de dépassement d'une notion qui était sans fondement jusqu'en 1870.

Le contexte institutionnel, tout en étant évolutif, reste empreint d'un flou indéniable. L'Empire était-il une magistrature divine ? Nous avons cité la pénitence Canossa de Henri IV dont la conversion au catholicisme porte la marque d'un cynisme « impérial ». Il reste l'impression qu'au cours des siècles les protagonistes spirituels et temporels se sont opposés en phase avec leur puissance et leurs alliances.

Répondre par oui ou par non à la question de la magistrature divine est ainsi une gageure. Si l'Empire n'était pas territorialisable, il se voulait « universel », bien que cette universalité se soit effacée progressivement.

Néanmoins, ces abstractions font face à l'importance du concept des territoires pendant les quatre premiers siècle de l'Empire. En effet, les périodes de croissance exigeaient des extensions des terres cultivables qui avaient lieu à l'Est comme à l'Ouest. L'interprétation des défrichements des terres slaves a évolué de façon différenciée au fil du temps et en fonction de l'enseignement des événements. Or, avec le recul il parait justifié de ne pas y voir un obstacle sur le chemin des relations franco-allemandes.

Par la suite, notre récit a souligné la lourdeur de la Guerre de Cent Ans qui a frappé la France, ainsi que les guerres religieuses et paysannes destructrices dans l'ensemble de l'Empire. L'Ouest aurait-il pu évoluer autrement, en l'absence de l'opposition à l'Angleterre? On ne peut savoir si la Royauté se serait située autrement dans le cadre du Saint-Empire.

La Grande Peste a sévi sans reculer devant des frontières ni des territoires, en décimant les populations. Les archives de l'époque concluent pour l'Europe dans son ensemble à une perte de vies humaines d'environ 30%. Il aura fallu presque deux siècles pour qu'un nouvel essor ait pu compenser ce déclin.

Les Temps modernes ont apporté à l'Empire l'« Alléluia » de la Renaissance, évoqué par André Malraux. Ce sont les sciences et les arts qui ont créé les bases d'une culture européenne, les échanges facilitant désormais une meilleure connaissance de la vie intellectuelle dans les différentes contrées de l'Empire.

Il se dessine alors un enrichissement réciproque entre 'Ouest et l'Est, du fait des avancées scientifiques parfois contradictoires mais reconnues comme telles, et des formes artistiques dont l'éventail pouvait surprendre.

Nous avons tenu compte de la vie quotidienne dans les villes et les campagnes vers la fin du Moyen-Âge, qui avait souvent inspiré les artistes et notamment les peintres, de sorte que leurs œuvres reflètent l'état de servage des paysans dont la fuite vers les villes avait du mal à s'avérer salvatrice. En dépit du contexte politique différent, les révoltes des Jacqueries et des Bundschu sont nés d'un même contexte.

Lorsqu'on compare par ailleurs l'organisation de la Hanse aux approches parcellaires qui avaient eu lieu en France, on est en droit de se livrer à une réflexion portant sur les mérites d'une réglementation en tant que telle, lorsqu'il s'agit de faire preuve d'esprit inventif. Ainsi, le poids de la formalisation ne semble pas être absent de ce que nous vivons aujourd'hui dans le contexte de l'Union européenne.

Au cours de ce premier Chapitre de l'histoire des relations franco-allemandes, nous avons pu constater que « l'Économie Politique » était à ses débuts, et bridée par la soumission de toute idée visant la gouvernance, au bon vouloir du Prince.

En effet, il s'agissait pour les mercantilistes comme pour les physiocrates, de suggestions à retenir pour conférer au Royaume de France ou aux Principautés allemandes le halo de la gloire d'une gouvernance réussie.

Les Chapitres qui suivent devront permettre d'apprécier des orientations fort diverses, porteuses de bien-être ainsi que de souffrances que nous nous efforcerons d'analyser devant la toile de fond des relations franco-allemandes.

CHAPITRE II
LA FRANCE ET L'ALLEMAGNE AU XIXe SIECLE

Le premier chapitre a retracé l'évolution du millénaire qui fut celui du Saint-Empire, pendant lequel les destinées des pays qui seront la France et l'Allemagne étaient enchevêtrées, en se dessinant lentement pour ce qui est de la France, et restant séparées pour l'Allemagne. Une rétrospective dans le cadre de notre sujet a pu révéler que ce passé lointain peut souvent étonner, parfois faire sourire mais point blesser de nos jours. Il en sera très différent au cours du chapitre présent dont les traces dans les mémoires collectives restent sensibles, bien que l'Union européenne ait pu opérer par la suite des convergences voulues et reconnues comme apaisantes.

Section 1 – Napoléon face à l'Europe

Qu'il nous soit permis de faire précéder le couronnement de l'Empereur en 1804 d'un bref rappel des dernières années du siècle passé, en France : la Première République avait vu naître d'abord la Convention Nationale (1792-1795). Au cours de cette période, il se produit en 1794 un fait important, à savoir l'abolition officielle de l'esclavage.

Les années de la Convention Nationale furent suivies par le Directoire (5 Directeurs), de 1795 à 1799, cédant la place au Consulat (1799-1804) avec ses trois membres, Bonaparte, Cambacérès et Lebrun, tous trois officiellement en fonction jusqu'en 1804. Un événement malencontreux est alors à signaler : la restauration de l'esclavage en 1802, signe de l'emprise napoléonienne bien avant l'année du couronnement, en 1804. Retenons à cette occasion qu'il aura fallu attendre l'année 1848 pour qu'ait lieu l'abolition définitive de l'esclavage.

Ce fait souligne non seulement le rôle dominant de Napoléon Bonaparte par rapport aux deux autres membres du Consulat, mais il nous semble qu'on y aperçoit aisément un signe de la folie des grandeurs de l'Histoire du monde, dont l'Empereur fut l'un des protagonistes

Au cours du Premier Empire avait lieu la dissolution officielle du Saint-Empire, sachant qu'en 1806 la politique napoléonienne procédait par l'expulsion de l'empereur d'Autriche. Les victoires à Iéna et Auerstädt ont repoussé la Prusse jusqu'à l'Elbe, et les tentatives d'une quarantaine d'États allemands de créer une Confédération sans l'Autriche et la Prusse, ont par la suite été peu convaincantes, du fait du mépris de Napoléon.

La situation en Allemagne était confuse, puisqu'un certain nombre d'États comme la Bavière, le Wurtemberg, la Hesse, la Saxe se rangeaient du côté de Napoléon, du moins pendant un temps. C'est ainsi que lors de la bataille de Leipzig en 1813 les généraux saxons font défection pour rejoindre le camp prussien.

Cette défaite de Napoléon n'est donc pas due à la seule Prusse ; toujours est-il qu'elle signale le déclin de la splendeur napoléonienne. Dans ce contexte, François-Guillaume Lorrain rappelle un fait anecdotique[30] : en cette année 1813, le Roi Frédéric-Guillaume III de Prusse, pour préparer ses troupes au combat, a créé la croix de fer, une décoration destinée à tout combattant exemplaire, simple soldat ou général. On peut y voir un élan nationaliste bien avant la création de la nation allemande.

[30] François-Guillaume Lorrain, 2016

Napoléon n'aura pas seulement perdu une bataille : comme toujours en pareille situation, aussi longtemps que les combats sont gagnés et les armées rentrent victorieuses, les gouvernants, qu'ils soient monarques ou autres régnants, peuvent compter sur la fierté du peuple, en dépit des sacrifices. Lorsque le vent tourne, il devient difficile de convaincre les citoyens que d'autres conquêtes vont venir. Napoléon devait en faire l'expérience.

Or, la mémoire collective d'Outre-Rhin a gardé présent à l'esprit pendant longtemps l'appel d'un philosophe dont les propos paraissent fort ambigus : il s'agit de Johann Gottlieb Fichte (1762-1814). En effet, les bouleversements profonds que l'Allemagne a connus depuis, n'ont pas empêché que le souvenir de Fichte fasse toujours partie du trésor émotionnel du pays.

C'est ainsi que Fichte est considéré comme l'un des fondateurs de l'idéalisme allemand. Admirateur de la philosophie de Kant, il fut accusé d'athéisme, du fait qu'il niait l'existence de Dieu non seulement en tant que créateur de l'homme, mais de l'Univers. Ses idées ont pu se maintenir à l'encontre du rôle dominant du christianisme, et constituer un courant de la pensée allemande sinon germanique ; en admettant un certain cynisme, cela peut être attribué à la difficulté intellectuelle de saisir ses propos.

Le fait est qu'en Allemagne, et indépendamment des Principautés et Duchés de l'époque, l'athéisme était en tant que tel méprisable et porteur de soupçons destructeurs. Ceci dit, l'« athéisme » était confondu bizarrement avec la négation de la Chrétienté, soutenant un antisémitisme toujours sous-jacent et servant de bouc émissaire au fil de l'histoire.

Remarquons qu'aujourd'hui la situation est très différente : environ 30% des Allemands indiquent le catholicisme comme religion, et 40% le protestantisme, alors que 30% se déclarent « sans confession ».

Pour revenir à Fichte, ses *Discours à la nation allemande (Reden an die deutsche Nation)* datent de 1807, et donc du temps de l'occupation française. Tout en appelant l'éveil d'un nationalisme, Fichte admirait la Révolution française, du fait qu'elle avait visé l'instauration d'un état de droit. Il parait qu'il ne fut pas inquiété, ce qui devrait être dû au fait que l'Empereur n'ait pas pris trop au sérieux les élucubrations patriotiques du poète.

Dans le même contexte se situe Ernst Moritz Arndt (1769-1860), auteur de chants patriotiques tels que *Le chant de la patrie (Vaterlandslied)* écrit juste avant 1813, ainsi que du chant *Der Gott, der Eisen wachsen ließ,* ce qu'on peut traduire par « Ce Dieu qui fit pousser du fer ».

On aperçoit ainsi un désordre intellectuel et émotionnel qui n'a pas eu son pareil en France. Était-ce le mérite de la Révolution, au-delà du règne napoléonien ?

-Section 2 – La fin du Premier Empire

L'Empereur qui avait poussé la Prusse loin vers l'Est a dû se retirer de l'Allemagne après la bataille de Leipzig en 1913. La Grande Coalition de l'Angleterre, la Prusse, la Russie, l'Autriche et la Suède envahit alors la France, fait qui ne s'était pas produit depuis 1792. La population est désormais hostile au régime, les impôts ayant augmenté et les pertes humaines ayant été immenses. L'Empereur abdique le 4 avril 1814 et doit partir en exil sur l'île d'Elbe.

Les coalisés organisent le retour des Bourbons avec Louis XVIII, la Première Restauration. Le premier Traité de Paris (1814) restaure la France dans ses frontières de 1792, alors que les coalisés qui avaient occupé l'essentiel de la France, se retirent entre 1814 et 1818. Ainsi, la France perd uniquement ses colonies (Tobago, Sainte-Lucie), ce dont il sera question dans une Section ultérieure.

Néanmoins, la situation reste instable, alors que Napoléon débarque et s'installe le 20 mars 1815 aux Tuileries, Louis XVIII s'étant enfui pour revenir après la défaite de Waterloo le 18 juin 1815. Les alliés occupent de nouveau le territoire français, et le Roi doit lever un emprunt pour payer les frais d'occupation.

Le 20 novembre 1815 intervient le Second Traité de Paris, signé par la Prusse, l'Angleterre, la Russie et l'Autriche. La France est cantonnée en ses frontières de 1790, devant payer de lourdes indemnités sur cinq ans, les Anglais occupant le Nord, les Russes les Ardennes, les Prussiens la région de la Meuse et les Autrichiens l'Est ; il se produit alors une forte inflation.

Le talentueux chef de gouvernement, le Duc de Richelieu, obtenait des banques Barrings et Hope qu'elles acceptent des titres de rente française pour alléger les remboursements. Les monarques européens souhaitaient au fond le retour de la France dans le cercle européen, ce qui s'effectue par le Traité de Sainte-Alliance signé en novembre 1818. Ainsi, l'invasion prit fin au début de 1819.

Ce résumé de la fin du Premier Empire a son importance dans le contexte de notre sujet, étant donné qu'un besoin de refondement des souverainetés, y compris dans les territoires allemands, se fera sentir rapidement.

Or, dans la suite de notre examen, il conviendra de poser la question de savoir si les Français ont un tempérament plus « révolutionnaire » que les Allemands, à la lumière des événements de 1830 et 1848.

Néanmoins, avant d'analyser cet aspect particulier, il faut constater que ce sont les guerres napoléoniennes avec leurs effets profondément perturbateurs, non seulement de l'organisation politique et économique, mais aussi des esprits, qui ont marqué de leur sceau nos deux peuples.

Section 3 - La naissance des nationalismes[31].

À la fin de son appartenance au Saint-Empire, le Royaume de France avait connu l'épopée de Bonaparte devenu Napoléon. Peut-on en déduire que le sentiment national était réellement dominant à la fin du Premier Empire? Et qu'en était-il Outre-Rhin, dans une Allemagne incapable de devenir un *Reich ?*

* Un premier regard

L'idée de la « nation » était au fond peu présente, étant donné la conscience de l'appartenance à une classe de citoyens. Ce ne fut qu'à partir de 1815 que la bourgeoisie française ne voulut plus tolérer la structure figée des trois états, à savoir la noblesse, le clergé et le Tiers État. On peut estimer que les idées du philosophe et écrivain Jean-Jacques Rousseau (1712-1778) né suisse et reposant au

[31] Jean-Louis Peudon, 16-12-2011

Panthéon, ont joué un rôle essentiel dans ce contexte, son ouvrage *Du contrat social (1762)* pouvant être considéré comme un véritable catalyseur des idées qui gagnaient du terrain à cette époque.

Le sentiment de l'unité du peuple s'était ainsi manifesté en 1792, du temps de la Convention, lorsque les monarques s'employaient à mettre à mal les idéaux de la Révolution. Comme le souligne Peudon, les troupes combattantes françaises crient « vive la nation », de sorte qu'on peut y voir une double défense, celle de la patrie et celle de la Révolution.

L'espoir est alors celui d'une nouvelle société démocratique ; le Congrès de Vienne (1815) déçoit les peuples, français et allemands, du fait du maintien des monarchies. Cette ambiance nous guidera vers les mouvements des années 1830 et 1848, après avoir tenté d'analyser le nationalisme naissant allemand, devant la toile de fond d'une comparaison des deux profils nationalistes, très différents comme on va le voir.

*** Un deuxième regard**

Surprenant que cela puisse paraître, c'est Napoléon qui est souvent cité lorsque le sujet du nationalisme allemand est traité : *« Et dire que sans moi ils ne sauraient même pas qu'ils sont allemands »*[32]. Il est un fait que l'opposition de l'Empereur devant des tentatives d'unification de 1806 avait maintenu l'Allemagne dans l'état de morcellement qui était le sien jusqu'en 1870. Ainsi, la Confédération du Rhin constituée par la grâce de Napoléon, n'aura duré que de 1806 à 1813.

---

[32] Légende Photo Dur's Elsass, 1913

On aurait effectivement pu imaginer une autre histoire pour l'Europe et pour le monde. Plus tard, au XXe siècle, l'une des idées dominantes du nazisme était celle du *« Blut und Boden » (sang et sol).* Ainsi, le sol appartient à ceux qui sont de sang allemand et qui en sont dignes de par leur naissance.

On ne peut alors s'empêcher de penser au texte de la Marseillaise et au sang impur qui ne doit pas abreuver nos sillons…

Ouvrons une brève parenthèse juridique : aujourd'hui, la France privilégie la loi du sol, alors que l'Allemagne reste attachée à celle du sang, bien que dans les deux cas des aménagements se fassent sentir dans le contexte des naturalisations.

Retournons à la fin du Premier Empire : À partir de 1815, c'est surtout la Prusse qui défend une société nouvelle dont les fondements sont ceux d'une civilisation peu sophistiquée : le concept de l'autorité prévaut sur celui de la démocratie, en s'appuyant sur la discipline. Le militarisme de Frédéric II est emblématique, en allant de pair avec la méfiance, sinon le rejet de l'étranger.

Il ne faut pas nier qu'en France comme en Allemagne, le juif est souvent assimilé à l'étranger, n'étant pas « vraiment » un citoyen. L'antisémitisme français surgit dans les écrits d'Édouard Drumont (1844 – 1917)[33] et sera cloué au pilori par Zola à la fin du XIXe siècle dans le contexte de l'affaire Dreyfus.

En Allemagne, les horreurs des persécutions du nazisme ont escamoté le fait que des personnalités aussi

[33] Édouard Drumont, 1886

éminentes que *Johann Wolfgang von Goethe (1749-1832)* n'ont pas hésité à attribuer au juif une place à part dans la société. Parmi les nombreuses citations de Goethe se trouve ainsi celle-ci : « *Pas un juif, si petit et chétif qu'il soit, qui ne montre de l'énergie et de la résolution : mais pour un but terrestre, temporel, l'intérêt du moment* ».

Il serait évidemment excessif de vouloir cadrer la personnalité de Goethe de la sorte. Il n'était par ailleurs pas prussien, sa nationalité figurant comme « Grand-Duché de Saxe-Weimar ». Toujours est-il qu'il fut rapidement considéré comme le symbole du nationalisme allemand dont l'œuvre avait créé un « être allemand » (« deutsches Wesen »).

Néanmoins, l'image de Goethe a été excessivement simplifiée. Deux citations peuvent en témoigner, dont la première est en effet conforme à l'image nationaliste, alors que la seconde est porteuse d'une sophistication très éloignée du Goethe populaire :

« Seul est digne de la vie celui qui chaque jour part pour elle au combat » ; puis

« Si les singes savaient s'ennuyer, ils pourraient devenir des hommes ».

Ainsi, au-delà d'une imagerie souvent agressive, le désir d'une fierté collective a fait naître des courants de pensée contraires même à l'intérieur des deux pays.

On peut donc constater qu'en France comme en Allemagne, les nationalismes du début du XIXe siècle étaient nés des douleurs infligées aux peuples, douleurs que nous pouvons espérer être assumées aujourd'hui.

Il est vrai que dans l'Allemagne du XXIe siècle subsiste un courant de pensée négationniste qui voudrait balayer l'horreur de l'hitlérisme : « Qu'on cesse de clouer le Troisième Reich au pilori, Napoléon était un criminel bien pire ». Nous savons que les gouvernements allemands se sont toujours inscrits résolument à l'encontre du négationnisme sous toutes ses formes.

Or, avant de progresser dans le temps, il faut nous tourner vers l'évolution des théories économiques dont les débuts encore empiriques avaient été peu divergents entre les deux pays, comme nous l'avons constaté. Sachant que la politique et l'économie sont inséparables, au sens d'une symbiose, souhaitée ou non mais omniprésente.

-Section 4 – Les théories classique et historique

Adam Smith (1723-1790) étant reconnu comme le fondateur de la théorie de l'économie classique, il devra figurer ici, bien qu'ayant été anglais ou plutôt écossais. Son ouvrage fondamental *Recherches sur la nature et les causes de la richesse des nations (1796)* et ses trois piliers alimentent la discussion à ce jour :

¤ la théorie de la valeur travail

¤ la théorie de la répartition et

¤ la théorie de la croissance

* L'École française

Le protagoniste de l'école classique française est Jean-Baptiste Say (1767-1832). Son ouvrage principal « Traité d'économie politique »[34] se situe dans le prolongement de la théorie smithonienne, mais s'en distingue de façon importante.

Say, un protestant libéral, était d'abord un proche de Napoléon, mais en avait vite pris ses distances devant les ambitions du futur Empereur.

« La loi de Say » aussi appelée « Loi des débouchés » veut que toute offre crée sa propre demande. Ainsi, la valeur d'un nouveau produit sera partagée financièrement entre les salariés et les actionnaires en tant que détenteurs du capital, pour les derniers sous forme de dividendes. La vente vise certes l'encaissement d'une somme d'argent, mais ce qui prévaut est la possibilité d'acheter un autre produit. Cette théorie de la répartition repose sur trois facteurs, le travail, le capital et les éléments naturels. Le jeu de l'offre et de la demande est ainsi censé parvenir à un équilibre global.

La différence essentielle entre Say et Smith réside dans le fait que chez Say la valeur est fonction de l'utilité, alors que chez Smith elle repose sur le travail. À l'époque, le concept d'utilité s'est par ailleurs rapidement heurté à la difficulté d'une interprétation philosophique, en Allemagne comme dans les pays anglo-saxons. En effet, quels sont les besoins de l'homme qui doivent être satisfaits « utilement » ? Nous confions au lecteur le soin d'en juger.

Par ailleurs, l'argent ne sert qu'à faciliter les échanges, il n'a pas de rôle actif. Cet aspect de la théorie de Say sera combattu ultérieurement par Marx aussi bien que par Keynes. La théorie de l'argent qui n'est qu'un voile sera

[34] Jean-Baptiste Say, 1803

bientôt le cheval de bataille du courant néo-classique, en France comme en Allemagne. Aujourd'hui encore, le rôle de l'argent « acteur » n'est admis que sous certaines réserves, bien que le terme de « voile » ne se trouve plus sur le devant de la scène.

En attendant, et en suivant le fil de notre étude, il faut reconnaître que les travaux de Say conduisent à des conclusions politiques essentielles : puisque l'équilibre entre l'offre et la demande s'établit « automatiquement », il ne faut surtout pas chercher à le perturber. Au plan pratique, ceci signifie que le rôle de l'État dans le contexte économique doit être réduit à un minimum : il doit pouvoir assurer la sécurité des échanges et donc celle des personnes, ainsi que celle des transports par les réseaux de communication.

Say s'étant retiré de la politique, était devenu un marchand lyonnais prospère. Il se voulait progressiste, mais ses écrits aussi bien que ses agissements sur le terrain commercial lui attribueraient à la rigueur une attitude paternaliste.

*** L'École allemande**

Il s'agira de relever les caractéristiques essentielles de ce qui est connu sous le nom de *l'école historique allemande.* Bien que celle-ci appartienne à l'ensemble du XIXe siècle, contestée dans la deuxième partie de ce siècle par le Marginalisme, elle a sa place dans le contexte présent des nationalismes naissants.

Il ne s'agira pas d'une analyse approfondie du concept et de ses conséquences, mais d'une mise en relief de la signification de ce courant de pensée dans le cadre de notre sujet.

Comme l'indique Gilles Dostaler[35], la compréhension de l'évolution doit d'abord faire appel au précurseur Friedrich List (1789-1846), l'inspirateur du *Zollverein* (1834) et auteur de l'ouvrage « Système national de l'économie politique » (1841). Il s'agit en effet d'une réaction aux thèses anglaises défendues surtout par David Ricardo, et de l'affirmation de la nécessité pour chaque pays de faire valoir ses avantages comparatifs sur le plan du commerce international.

On peut distinguer deux écoles historiques allemandes dont la première a comme représentant le plus éminent Wilhelm Roscher (1817-1894), auteur de l'ouvrage « Précis d'un cours d'économie politique d'après la méthode historique » (tr. Française 1857)[36]. L'essentiel est ici l'observation des faits, chaque nation faisant appel à un traitement séparé, de sorte qu'on peut parler de l'histoire des pays en termes d'un processus d'identité.

Plus tard, une deuxième école historique allemande aura comme protagoniste Gustav Schmoller (1838-1917) qui, tout en retenant le caractère inductif de la méthode historique, préconise l'intervention de l'État dans l'économie. Avec d'autres universitaires, appelés « les socialistes de la chaire » (Kathedersozialisten), et allant à l'encontre des thèses marxistes, il est ainsi l'inspirateur de la législation sociale de Bismarck pour le Reich allemand.

Pour les défenseurs de l'école classique libérale, anglais aussi bien que français, l'école historique

[35] Gilles Dostaler, 2007
[36] Wilhelm Roscher, 1843

allemande, toutes nuances confondues, porte ainsi en elle la menace du socialisme et du protectionnisme.. Au titre d'une explication et point d'une justification, il faut alors remarquer qu'au début du XIXe siècle l'Allemagne était économiquement moins développée que la France, un fait qui n'a cessé d'accompagner les recherches des « économistes historiques ».

Comme le signale Yves Breton[37], Jean-Baptiste Say n'avait pas pu faire semblant d'ignorer les travaux en cours en Allemagne, et il a bien voulu accepter que l'étude de la documentation historique pouvait avoir une certaine utilité pour l'économiste ; néanmoins, la prééminence de l'économie sur l'histoire ne pouvait faire aucun doute.

Toujours dans la mouvance de l'opposition à l'école historique, les « libéraux » français estiment que l'économie politique permet de mieux interpréter les faits historiques (Y. Breton, op.cit., p. 13) : le dédain est tout à fait transparent.

Au plan théorique, on ne saurait nier le fait que les thèses libérales ne proposaient pas d'approche satisfaisante pour ce qui est de la question sociale. Vers la fin du siècle, l'œuvre de Bismarck ne pouvait laisser indifférents des libéraux prônant la supériorité des écoles classique et néoclassique par rapport aux avancées sociales opérées Outre-Rhin. De toute évidence, le prestige grandissant du Reich y joua également son rôle.

En France, la négation de la validité des lois universelles en matière économique restait néanmoins la défense immuable à l'encontre des courants libéraux prônant un équilibre toujours retrouvé.

---

[37] Yves Breton, 1988

À la suite de ce tableau rapidement brossé, le lecteur pourra chercher le lien avec notre sujet des relations franco-allemandes. Or, comme nous l'avions signalé au début de ce paragraphe, le lien se situe au niveau du nationalisme affirmé, bien que sous des formes différentes en France et en Allemagne.

Si la conclusion du Chapitre portant sur le Saint-Empire avait permis de recouvrir ce millénaire du voile bienfaisant d'une grande distanciation dans le temps, la situation perçue est désormais bien différente. En effet, à peine plus d'une demi-douzaine de générations nous séparent aujourd'hui du XIXe siècle plongé dans l'abîme des guerres fratricides en Europe. La photographie ayant rendu possible la présence visuelle des personnes et des biens, la douleur se rapproche et se superpose au simple récit.

Il ne faut par ailleurs pas oublier que les alliances des principautés allemandes avec la France et avec l'Empereur étaient changeantes, pouvant se retourner même au cours d'une bataille, de sorte que le nationalisme allemand au début du XIXe siècle était essentiellement un nationalisme prussien.

On peut remarquer en marge qu'il subsiste encore aujourd'hui en Allemagne une distanciation reconnue entre « prussiens » et « bavarois », qui ne s'efface que dans les milieux intellectuels. Le fait que les déplacements de la Seconde Guerre mondiale ont avant tout frappé les Prussiens ne semble pas avoir effacé les vieilles rancœurs.

Ainsi, pour ce qui est des nationalismes rattachés aux théories économiques, leur image parait diffuse : en

France, la fierté jacobine ayant trouvé un terrain d'entente avec la liberté des échanges et donc de la concurrence internationale, alors que dans l'Allemagne toujours morcelée les tentatives de rassemblement (cf. le Zollverein) ne progressaient que lentement, en se heurtant aux vanités des Seigneurs, tout en faisant souffrir leurs peuples.

L'évolution dans le temps sera esquissée ci-après ; vouloir attribuer à ce jour des relents nationalistes allemands au 'Non' de Napoléon en vue d'une unité allemande, nous semble néanmoins quelque peu téméraire.

Section 5 – Les Révolutions du XIXe siècle

Rappelons d'abord qu'entre la fin du Premier Empire entérinée par le Congrès de Vienne en 1815, et la guerre de 1870, la France et l'Allemagne, et avec elles l'Europe, n'ont pas connu de conflits majeurs contre des ennemis extérieurs.

Le terme de « Révolution » désigne quant à lui des phénomènes de rupture ressentis de façon fort variable, non seulement suivant le jugement des historiens mais d'abord par les populations de jadis, ce dont témoignent les sources scientifiques et artistiques.

Ainsi, si les dates de 1830 et 1848 rappellent des événements douloureux, le XIXe siècle a signifié le franchissement d'étapes qu'il est coutume de regrouper sous le vocable de « Révolution industrielle », bien que le chemin parcouru depuis la fin du XVIIe siècle puisse suggérer plutôt une évolution. On peut citer une voix contemporaine, à savoir celle de Fernand Braudel[38]*, qui*

[38] Fernand Braudel, 1985

estime que la brutalité inhérente à ce terme ne vaut que pour le Royaume-Uni (cf. infra)

Néanmoins, en retenant l'image habituelle, on peut estimer que si une véritable rupture a eu lieu, elle appartient à la sphère du travail et à ses nouvelles formes, plutôt qu'aux inventions et innovations survenues.

*** La Révolution industrielle**

Dans le cadre de notre étude, il semble moins important de vouloir fixer des dates attachées à la Révolution Industrielle en France et en Allemagne, que de retenir un autre critère, à savoir celui du capitalisme naissant. Aussitôt cette décision prise, l'analyse se heurte à la multiplicité des monnaies, bien que le Thaler prussien eût acquis une importance majeure en Allemagne au fil du temps.

Toujours est-il que les trois qualités de toute monnaie généralement retenues aujourd'hui, à savoir celles d'unité de compte, moyen d'échange et réserve de valeur, ne sont en présence que depuis la Révolution Industrielle, dans la mesure où l'accumulation de la monnaie ne pouvait exister qu'à partir du moment où un investisseur encourait moins de frais d'achat qu'il ne recevait de paiements pour ses ventes.

Or, avant de traiter les différents secteurs concernés, bien qu'ils soient tous liés entre eux, un rappel de quelques dates-clés pourra rendre la suite plus parlante :

1825 Invention de la locomotive par Stephenson
1863 Louis Pasteur développe la pasteurisation
1876 Bell invente le téléphone

1882 Edison invente l'ampoule électrique

1886 Carl Benz développe le moteur à explosion et fait fabriquer la première automobile

1898 Pierre et Marie Curie isolent le radium et font ainsi le premier pas vers la physique nucléaire

Avant de nous adresser à l'évolution et à l'industrialisation en France et en Allemagne, il faut souligner que l'Angleterre avait connu un démarrage d'industrialisation nettement plus précoce, à savoir depuis 1780. En effet, notre sujet des comparaisons et des traces laissées dans les mémoires, exige la constatation que la France comme l'Allemagne étaient ici désavantagées de façon assez similaire : les nombreux ports britanniques facilitaient les transports et donc les importations de matières premières bon marché à partir des pays qui faisaient partie de l'Empire colonial britannique. Ces richesses servaient à la modernisation de l'agriculture et de l'industrie, accompagnées de la croissance démographique.

La France et l'Allemagne, éprouvées par les guerres napoléoniennes, cherchaient à rattraper leur retard en matière de production et de productivité agricole et industrielle.

¤ Les transformations technologiques

Pour la France comme pour l'Allemagne, le coup d'envoi avait été donné par l'Angleterre (cf. supra) ; en témoigne dans le domaine de l'agriculture l'invention de la moissonneuse mécanique en 1824 et de la moissonneuse-batteuse en 1834 par Cyrus MacCormick ; en France, ce fut l'invention de la charrue par Mathieu de Dombasle(1777-1843) en 1837 ; cet agronome réputé était par ailleurs très critique du rôle de la chimie dans l'agriculture (cf. infra).

L'essor ainsi rendu possible de la production agricole était d'autant plus important qu'au plan industriel la France était désavantagée par rapport à l'Allemagne concernant les ressources en fer et en charbon. Or, l'agriculture a pu bénéficier rapidement des recherches réalisées par Justus von Liebig (1803-1873) en Allemagne, dès 1840[39]. En effet, ses travaux dans le domaine de la chimie ont rendu possible la production d'engrais. Plus jeune que Mathieu de Dombasle, ses publications avaient irrité son aîné et donné lieu à de nombreux échanges scientifiques entre l'Université de Nancy et celle de Giessen en Allemagne.

Ainsi, l'exemple de la chimie témoigne du fait que les évolutions du XIXe siècle ne sauraient être considérées séparément pour l'agriculture et l'industrie, ce qui vaut de façon remarquable pour le textile ainsi que pour les communications en général.

Ces avancées, moins dépendantes d'investissements en capital que les acquis britanniques au plan du machinisme, ont par la suite abouti à une complémentarité entre la France et l'Allemagne dont d'autres exemples pourraient témoigner.

Or, les transformations technologiques se sont déroulées dans un contexte géopolitique très évolutif.

---

[39] Justus von Liebig, 1840

¤ L'encadrement institutionnel

La juxtaposition entre un état centralisé et jacobin et un pays ressemblant à un puzzle au-delà d'une conception girondine, se reflète en toile de fond au XIXe siècle, jusqu'à la création du Reich allemand en 1871. Après cette date, le rapprochement législatif se heurte aux conséquences de la guerre, bien que le cadre juridique datant du Premier Empire ait trouvé son chemin dans la législation allemande pour y être perceptible encore aujourd'hui.

En attendant, deux exemples peuvent illustrer le décalage de l'évolution politique :

- 1800 : Création de la Banque de France
- 1876 : Création de la Reichsbank, la banque centrale allemande, la particularité étant qu'elle fut détenue parune société de droit privé prussienne, tout en étant surveillée par le gouvernement.

1807 : Premier enregistrement d'une Société Anonyme dans le Code de Commerce français créé en cette même année, des modifications importantes étant intervenues par les Lois de 1863 et 1867.

1810 : Premier enregistrement d'une Société Anonyme dans le Code Civil du Land de Bade, puis codificationau plan national en 1871.

Néanmoins, il existe deux dates qui rapprochent de façon surprenante la France de l'Allemagne devenue le Reich :

1864 : Droit de grève en France

1871 : Droit de grève en Allemagne

1895 : Création de la CGT (Confédération Générale du Travail) en France.

Le rôle de l'État en tant qu'ordinateur de l'économie reste limité. Certes, ce n'est pas le libéralisme « à l'anglaise » empreint du minimalisme de l'intervention publique, néanmoins la liberté de l'économie et du commerce et l'interdiction de toute coalition héritée de la Loi Le Chapelier (1791) caractérisent le profil libéral de l'État français.

Au plan financier, le Franc germinal créé sous le Consulat et ayant mis fin à l'inflation due à l'émission excessive des Assignats, garantit la stabilité financière. Ceci rassure les actionnaires, pour qui les dividendes ressemblent moins à une « réserve de valeur » suivant la formule traditionnelle, qu'à une accumulation symbolisant un risque pris, plutôt qu'un travail fourni.

On a souvent souligné la faiblesse de l'Allemagne en matière financière au XIXe siècle. Lorsqu'on pense à la Bourse, ceci est vrai, mais il faut savoir que les investisseurs allemands ont depuis cette époque privilégié les investissements à long terme.

L'État français mène une politique active et centralisée. On peut citer les grands travaux à Paris guidés par le baron Haussmann, et les infrastructures de transport suivant le Plan Freycinet (1878). Pa ailleurs, le commerce extérieur s'était trouvé facilité par le Traité de libre-échange avec l'Angleterre en 1860.

Quant à l'Allemagne, les efforts d'unification économique précèdent l'unification politique, sur la base du Zollverein (cf. supra, 1834). Il s'agit en fait d'une zone de libre-échange, dotée de tarifs extérieurs communs

(TEC). En 1857, le Thaler prussien devient la monnaie de cette zone jusqu'à son remplacement par le Reichsmark en 1871.

En Prusse, les réformes de l'État avaient commencé dès 1807 pour passer progressivement d'un état figé socialement et agraire, à un état industriel moderne. Au cours du XIXe siècle, la liberté du commerce et donc la disparition des anciennes corporations, s'impose dans les esprits comme sur le terrain, les paysans n'étant plus attachés à la terre du Roi (« Bauernbefreiung »).

En 1871, l'annexion de l'Alsace et de la Moselle par l'Allemagne avait renforcé sa puissance industrielle. Or, bien avant cet événement malencontreux pour la France, la Prusse et certaines principautés allemandes avaient poursuivi en quelque sorte les activités de la Hanse, et des mesures protectionnistes avaient permis la création de grandes entreprises, les Konzerne, qui s'opposaient bientôt avec succès à la domination britannique.

Il faut tenir compte également de l'émancipation des juifs prussiens en 1812, ceux-ci devenant enfin des citoyens. En France, la Déclaration des droits de l'Homme en avait décidé de la sorte en 1789, mais il avait fallu une loi de 1791 pour en faire une réalité.

On constate généralement que l'Allemagne, en dépit de son morcellement ou à cause de celui-ci, est très éloignée des thèses de libre-échange britanniques, alors que la France suit une voie moyenne entre ces deux extrêmes.

Ainsi, nous avons rencontré de nombreuses différences concernant nos deux pays. Les problèmes furent traités de façon variable dans le temps et dans l'espace. Or, il parait que la période de paix consécutive à l'époque napoléonienne a conduit à des rapprochements au plan social, bien que nettement décalés.

¤ L'évolution de la situation sociale : données et théories

Ce paragraphe s'adresse à l'ensemble du XIXe siècle ; il parait néanmoins préférable de l'insérer avant d'analyser les événements des années 1830 et 1848.

Les données :

Il a été dit que la politique de Bismarck n'était pas progressiste pour des raisons d'ordre moral, mais pour combattre le mouvement marxiste. C'est la raison pour laquelle la législation sociale avait pris de l'avance en Allemagne, par l'adoption des mesures suivantes en faveur des travailleurs de l'industrie et de l'agriculture :

1883 : Assurance maladie
1884 : Assurance en matière d'accidents du travail
1889 : Assurance invalidité/vieillesse

En France, il avait fallu attendre l'année 1898 pour que soit créé un cadre d'indemnisation acceptable des accidents du travail, et ce ne fut qu'en 1928 qu'une loi introduisit l'assurance maladie, maternité, invalidité et vieillesse.

Les théories :

On dessinera ci-après deux profils philosophiques qui s'avéreront moins dissemblables qu'il n'y parait au premier regard.

En Allemagne, Max Weber (1864-1920), économiste et sociologue, a défendu une orientation issue du christianisme protestant dont il espérait une convergence vers un capitalisme particulier[40]. En effet, le capitalisme devrait être interprété en subordonnant l'émotion à la rationalité. On conçoit que de tels écrits aient pu rencontrer un écho favorable de la part des industriels, mais le prolétariat (dans la mesure où de tels propos lui étaient accessibles) a dû avoir du mal à réprimer le sentiment de la faim en se tournant vers la rationalité.

Il est difficile de savoir quelles étaient les relations entre Max Weber et les employeurs de l'époque, mais cette forme de calvinisme dur semble mieux s'adapter à l'interprétation anglaise qu'au contexte religieux allemand de jadis.

En France, et bien avant Max Weber, Claude-Henri de Saint-Simon (1760-1825) a développé une pensée plus généreuse et humaniste. Son ouvrage principal fut publié quelques semaines avant sa mort : « Le nouveau christianisme-Dialogues entre un conservateur et un novateur »[41]. L'ensemble de ses publications porte l'empreinte de la religion, toujours assortie d'un point d'interrogation, puisque ce philosophe, économiste et militaire, était un non-croyant.

Sur la base de ce qui vient d'être dit, il n'est pas surprenant qu'il fût soupçonné de « socialisme », impliquant ainsi que Marx n'était pas très éloigné de ses réflexions. Il est vrai qu'il avait proposé un Conseil de Gouvernement composé de scientifiques, d'artistes, d'artisans et d'entrepreneurs en vue d'une économie

---

[40] Max Weber, 1905

[41] Claude-Henri de Saint-Simon, 1825

planifiée. Ainsi, on a pu l'ajouter à la catégorie des utopistes dont les idées n'avaient connu que des succès très éphémères.

Parmi eux se distinguent les Phalanstères de Charles Fourier ou encore les ateliers nationaux de Louis Blanc. Il s'agit au fond essentiellement d'une critique du capitalisme qui peut aller jusqu'au rejet de la propriété privée.

Une comparaison entre la France et 'Allemagne révèle des similitudes du développement industriel, les deux pays se distinguant nettement du pragmatisme calculateur de l'Angleterre. Les avancées sociales réalisées sur le continent ont ainsi laissé que des traces positives dans les mémoires collectives, de part et d'autre.

*** La Révolution de 1830**

Si la Révolution de 1830 en France peut être au centre des événements historiques, des soulèvements plus ponctuels mais néanmoins significatifs auront eu lieu à cette époque en Allemagne, témoignant d'une opposition grandissante aux gouvernants.

¤ Les Trois Glorieuses

Rappelons que les développements étaient comparables, bien qu'en pointillé, entre la France et l'Allemagne pendant la période de 1830 à 1848.

Ainsi, les journées du 27 au 29 août 1832 étaient la suite directe de la dissolution de l'Assemblée Nationale le 26 du mois, la restriction de la liberté de la presse et d'autres mesures allant dans le même sens. Les combats sur les barricades forçaient Charles X à abdiquer et à s'enfuir en Angleterre. Or, une France républicaine ne parvenant pas à s'imposer, de sorte que la bourgeoisie modérée réussit, à la suite de l'étouffement du soulèvement prolétaire, à obtenir l'intronisation de Louis Philippe Ier d'Orléans, un cousin du Roi.

Le déchaînement des passions peut être considéré comme un éveil de la flamme de la Révolution de 1789, au-delà de la gloire napoléonienne et du sentiment de la nation victorieuse. La déception devait être d'autant plus grande que « l'État de droit » qui aurait dû suivre l'arrivée au pouvoir de l'Empereur, se révéla être un échec.

Toujours est-il que les idées libérales faisaient leur chemin partout en Europe ; en Allemagne, les barrières matérielles et intellectuelles dressées par les régnants des nombreux états souverains ne parvenaient plus à étouffer les exigences d'une vie moins inégalitaire, et d'une participation effective des « masses » de moins en moins incultes à la vie politique et sociale.

¤ Les soulèvements locaux en Allemagne

L'environnement était en effet porteur de la diffusion des idées et des actions en France. L'hiver 1829/30 avait été très sévère et la récolte mauvaise en 1830, de sorte que de nombreuses régions avaient connu des problèmes d'approvisionnement, ayant donné lieu à une forte inflation. La paysannerie protestait contre les services dus aux Seigneurs au plan personnel et matériel.

Dans les villes, les citoyens ne voulaient plus supporter les impôts excessifs, les taux de douane exigés et la corruption. Dans l'ensemble, la situation sociale était donc ressentie comme étant fondamentalement injuste et insupportable.

Les Royaumes plus particulièrement concernés étaient ceux de Hanovre et de Saxe, avec la mise à feu du centre de police de Dresde le 10 septembre 1830, ainsi que ceux du Duché de Brunswick et de la Principauté de Hesse-Cassel. La révolution des tailleurs de Berlin du 16 au 20 septembre 1830 s'inscrit également dans ce contexte.

On peut constater généralement que les régions les plus touchées par les soulèvements étaient celles qui étaient gouvernées en dehors du cadre d'une Constitution et souvent victimes d'une oppression particulièrement dure.

À titre d'exemple, on peut ajouter qu'à Brunswick le château était parti en flammes le 10 septembre 1830, de sorte que le Duc Karl II ne voyait pas d'autre solution que de s'enfuir loin de son pays, en étant obligé de démissionner par la suite.

Ainsi, il est intéressant pour notre étude, d'observer une « démocratisation contagieuse » : Le tempérament latin avait transmis ses idées comme ses initiatives à des principautés allemandes dont les situations étaient pourtant fort diverses. Néanmoins, une couche prolétaire sous-privilégiée et désormais plus unie, devenait partout réceptive aux idées libertaires.

La diffusion des idées se trouvait facilitée par l'évolution des connaissances, dans la mesure où l'illettrisme reculait, que la scolarité soit devenue obligatoire ou non, de sorte qu'il était devenu plus difficile pour les gouvernants d'empêcher le fonctionnement des voies de communication matérielles aussi bien qu'intellectuelles.

Nous sommes donc ici en la présence d'un mouvement que l'on est tenté d'appeler « fraternel » entre français et Allemands, en dépit du fait que les cousins germains étaient toujours à la recherche d'une nation.

*** Les Révolutions de 1848**

Le rapprochement dans le temps est frappant : en France, ce sont les journées du 22 au 25 février 1848 que retient l'histoire, alors qu'en Allemagne le début de la Révolution se situe en mars 1848, pour durer jusqu'en juillet 1849, ce qui peut s'expliquer une fois de plus par l'absence d'un pouvoir central.

¤ L'évolution jusqu'en février 1848 en France

Entre 1830 et 1848, différents soulèvements ont eu lieu en France, le plus important ayant été La Révolte des Canuts à Lyon. Cette révolte s'était déroulée en trois étapes, en 1831, 1834 et 1848. Les Canuts joignaient leurs forces à celles des autres ouvriers, en jugeant leurs conditions de travail inacceptables.

Par ailleurs, l'insurrection républicaine à Paris en 1832 avait dû céder devant les forces armées. La Guerre de Vendée et la Chouannerie de 1832 n'avaient pas davantage impressionné la Royauté qui se croyait assez forte pour réprimer les révoltes du peuple.

En février 1848, le peuple de Paris prend possession de la capitale, mais les forces du Roi s'attaquent aux barricades faisant 52 morts appelés depuis les martyrs de la Révolution parisienne.

Le Roi Louis-Philippe doit alors abdiquer le 24 février, et le même jour Alphonse de Lamartine proclame la Deuxième République, tout en refusant de saisir le drapeau rouge devant l'Hôtel de Ville.

Louis Napoléon Bonaparte devient le premier président élu au suffrage universel masculin de la IIe République. Or, en dépit des libertés publiques nouvellement accordées, du rétablissement de la liberté de la presse et de l'abandon définitif de l'esclavage, le peuple restait insatisfait, la situation étant exacerbée par des épidémies de choléra et des krachs financiers. Il s'en suivit un chômage important, avant tout à Paris.

Le coup d'État de Louis Napoléon Bonaparte du 2 décembre 1851, couronné comme Napoléon III Empereur du Second Empire et régnant jusqu'en 1870, avait ainsi mis fin à la Deuxième République en donnant naissance au Second Empire.

On verra par la suite comment se situe l'évolution dans les différentes régions d'Allemagne, par rapport aux événements en France, et dans quelle mesure l'héritage de cette époque est toujours présent dans les relations franco-allemandes.

¤ Les années 1848-1849 vues d'Allemagne

On constate au départ une différence essentielle entre la Révolution française de 1848 et la Révolution allemande de 1848/1849, puisque les événements en France se situaient dans un contexte national, alors que les étincelles parties d'Allemagne embrasèrent rapidement des contrées plus éloignées en Europe.

En effet, il faut rappeler ici les efforts de restauration émanant des monarchies de la Sainte-Alliance comprenant la Russie, la Prusse et l'Autriche, fondée en 1815 à l'initiative du Tsar Alexandre pour empêcher à l'avenir des soulèvements dirigés contre les monarchies régnantes.

Dès janvier 1848, des révolutionnaires italiens avaient tenté de mettre fin au règne des Habsbourg dans le Nord de l'Italie. Bientôt des principautés allemandes furent saisies par ces tentatives de démocratisation.

En Allemagne, la Révolution avait commencé dans le Duché de Bade pour s'étendre très vite aux autres États de la Confédération germanique. Ainsi, 500 représentants des membres de la Confédération appartenant à l'industrie, aux arts et aux sciences[42] réunis dans l'Église Saint-Paul à Francfort sur le Main, devaient préparer une *Reichsverfasssung (*Constitution du Reich à venir).

Or, en dépit des concessions faites telles que la liberté de la presse et la libération de la paysannerie en 1849, de nouveaux soulèvements sanglants avaient lieu en Saxe, au Palatinat et surtout en Bade, ressemblant à des guerres civiles. L'ambition essentielle de l'Assemblée de Francfort, à savoir la création d'un véritable État allemand, avait échoué.

---

[42] Un de ses membres était le Professeur Emil Adolf Roßmäßler, une autorité dans le domaine des escargots d'eau douce, de la famille maternelle de l'auteure de cette étude. Ses écrits conservés à ce jour rendent compte des débats houleux de Francfort.

Cet échec doit être attribué en grande partie au Roi Frédéric Guillaume IV de Prusse qui aurait dû devenir le Roi des Allemands dans le cadre de la Confédération ; il avait refusé le 3 avril 1849 de recevoir la couronne héréditaire des mains des révolutionnaires.

On peut donc constater que si Napoléon Ier avait en son temps refusé l'idée de la création d'une seule Allemagne pour mieux assurer la puissance de la France, le Roi de Prusse devenu Empereur d'une Allemagne dans les confins de la Confédération germanique, aurait plus facilement pu contenir les tentatives de démocratisation.

Section 6 – De 1848 à 1871

Avant de jeter un regard sur l'évolution en France et en l'Allemagne jusqu'à la Guerre de 1970/71, on peut se livrer à un double constat : Les Révolutions avaient échoué, et les responsables politiques s'étaient montrés incapables de diriger les pays autrement que par la force. La démocratie était restée à l'arrière-plan.

* Le Règne de Napoléon III

Dans l'intérêt de notre sujet, on ne fera pas état des détails de l'évolution parlementaire sous la Présidence de Louis Napoléon Bonaparte. Du temps de sa Présidence, des recompositions du Cabinet avaient eu lieu, pour mieux tenir compte de l'évolution nationale aussi bien qu'internationale.

C'est ainsi que l'audience de la Papauté était toujours présente en France, et la voix de Pie IX était jugée trop antilibérale. Il s'y ajoutait les exigences de plus en plus fortes du peuple, appuyées par ainsi des appels des intellectuels (cf. infra).

Or, le Président n'avait droit qu'à un seul mandat, et le projet d'un changement de la Constitution n'avait pas pu trouver une majorité parlementaire des deux tiers. La seule issue était donc le coup d'État (cf. supra).

Le Président, devenu d'abord « Prince-Président », fut en tant qu'Empereur si autoritaire qu'un attentat avorté en 1858 servait de prétexte pour légitimer une politique toujours plus sévère.

Cependant, la France se situait dans la mouvance de la révolution industrielle du XIXe siècle, surtout dans les secteurs de la construction et de la communication. Au-delà de ce qui a été dit à ce sujet ci-dessus, certaines incohérences relevant une fois de plus de l'autoritarisme, méritent d'être mentionnées : en effet, sous Napoléon III le réseau ferroviaire atteignait bientôt 18000 km, mais avec la particularité suivante : pour prendre le train de Nantes à Marseille ou pour d'autres villes de province entre elles, il fallait obligatoirement passer par Paris !

En anticipant quelque peu, on peut remarquer que le mouvement des troupes en 1870 avait été considérablement ralenti du fait du centralisme porté sur les rails. Néanmoins, le commerce pouvait bénéficier des travaux réalisés pour les ports de Marseille et Bordeaux.

Or, la préoccupation première de Napoléon III était la politique extérieure.

On peut considérer comme une première décision la participation de la France à la guerre de Crimée du côté de la coalition anti russe, la fin des hostilités étant scellée par la Paix de Paris en 1856. Ce succès avait rendu à la France la réputation d'une grande nation, perdue dans le contexte du Congrès de Vienne en 1815 où elle avait été humiliée.

Les initiatives guerrières prises par Napoléon III méritent d'être quelque peu détaillées, puisque leurs conséquences persistent à ce jour sur l'échiquier politique européen.

C'est ainsi que Napoléon III a joué un rôle important sur le plan de l'unification italienne. La France a combattu l'Empire autrichien du côté de l'Empire de Sardaigne en 1859, de sorte que la défaite de l'Autriche lors des batailles de Magenta et Solferino a rendu possible la création d'un État national italien. Le prix à payer à la France était la cession du Duché de Nice et de la Savoie.

La construction du Canal de Suez à partir de 1859 avait failli conduire à la guerre. Par la suite, Napoléon III avait essayé en vain d'intervenir entre l'Autriche et la Prusse pendant la guerre allemande. Ses projets d'agrandissement du Royaume n'aboutissaient pas ; on peut citer comme exemple son désir d'acheter le Luxembourg dont la neutralité fut entérinée par le Traité de Londres de 1867.

En France, l'Empereur n'avait pu empêcher une libéralisation progressive, sous la pression parlementaire et celle des représentants de l'opposition tels qu'Adolphe Thiers et Léon Gambetta. De nombreuses grèves ont eu lieu en 1864, 1865, 1868 et 1870, les exigences des travailleurs étant entre autres la journée de travail de dix heures. Or, la politique intérieure de Napoléon III restait hésitante et guère progressiste.

Néanmoins, depuis 1869 le Parlement avait le droit d'introduire des projets de loi, et un référendum obtenait une majorité en faveur d'une nouvelle Constitution.

Or, le temps du règne de Napoléon III avait non seulement conduit à des révoltes et des manifestations populaires, mais avait également donné naissance à une forte opposition intellectuelle. Aujourd'hui encore, non seulement en France mais aussi en Allemagne et ailleurs en Europe, deux personnalités font partie de l'héritage littéraire de cette époque : Victor Hugo et Émile Zola.

Victor Hugo (1802-1885) s'est profilé par son ouvrage « Les Misérables », et son jugement sévère concernant le coup d'État du 2 décembre 1851. Il fut banni de France pour revenir seulement en 1871, en dépit d'une amnistie proclamée bien avant.

Émile Zola (1840-1902) devenait sous la Troisième République le défenseur d'Alfred Dreyfus. Son ouvrage monumental « Les Rougon-Macquart » est une critique acerbe de la vie en France sous le Second Empire, mettant en relief la misère des ouvriers et l'aisance des bourgeois.

* L'ère Bismarck

De la Révolution de Mars à la création du Reich, la politique allemande a porté l'empreinte de la volonté du Chancelier Otto von Bismarck (1815-1898).

Pour retracer l'évolution à la suite de la Révolution avortée de 1848, on constate une différence marquée entre les principautés, le Grand-Duché de Bade faisant figure de modèle démocratique. En Prusse avait eu lieu une évolution nettement réactionnaire, avec un droit de vote de trois classes, qui allait rester en vigueur jusqu'en 1918.

Après le décès de Frédéric - Guillaume IV, son frère Guillaume allait accéder au trône en 1861 pour régner en tant que Guillaume Ier de 1861 à 1888. Il avait pu réaliser ses intentions de renforcement militaire de la Prusse grâce à Bismarck, qui avait été membre de l'Assemblée de Francfort et qui fut nommé comme ministre Président et ministre des Affaires étrangères.

La guerre entre la Prusse et le Danemark, suivie de la guerre allemande de 1866, avec la sortie de l'Autriche de la Confédération[43], avait eu pour conséquence un renforcement de l'influence prussienne au plan territorial par des cessions à la Prusse au Nord, suivi du ralliement des états du Sud de l'Allemagne.

Si les détails de cette politique très adroitement menée par le Chancelier en accord avec un roi qui lui était intellectuellement inférieur, peuvent ne pas figurer ici dans le contexte de notre sujet, force est de constater que l'évolution économique et sociale avait consolidé l'Allemagne en devenir : il faut souligner la libéralisation du commerce en 1869, avec l'abolition d'une concession requise en vue de la création d'une société par actions.

Ainsi, l'industrialisation avait pu procéder sans contraintes, devant la toile de fond de l'abolition de l'interdiction des coalitions, de sorte que désormais les employeurs comme les travailleurs pouvaient s'unir pour faire valoir leurs exigences respectives.

---

[43] La bataille de Königgrätz (03.07.1866), cf. infra

Au cours de cette évolution, Bismarck avait réussi très adroitement à conclure des *Schutz-und Trutzbündnisse (*alliances défensives et offensives) avec les différents états allemands, à l'avantage de la Prusse. Seul le Royaume de Saxe avait été maintenu grâce à l'intervention de la France qui avait par ailleurs perdu son rôle de médiateur à cause de la rapide victoire de la Prusse à Königgrätz (Sadowa). La France avait en effet espéré de se voir attribuer des régions à l'Ouest du Rhin, en insistant désormais sur le maintien du Royaume de Saxe pour contenir le poids de la Prusse en tant que grande puissance.

L'équilibre bien que quelque peu fragile aurait pu être maintenu sans l'incident diplomatique de 1869 et ses suites.

*** La calamiteuse Dépêche d'Ems**

En 1870, la France s'était sentie menacée par l'offre de la couronne d'Espagne faite aux Hohenzollern-Sigmaringen, et qui avait dans un premier temps été acceptée par le Prince héritier Léopold, à la demande de Bismarck. Or, après concertation avec le Roi, cette offre fut finalement refusée.

C'est alors que l'équilibre fut rompu, dans la mesure où la France, non contente de ce refus, demanda au roi Guillaume Ier qui était en cure à Bad Ems, une renonciation pour toujours à la couronne d'Espagne. Le roi n'y donnait pas suite et envoya un télégramme en ce sens à Bismarck. Celui-ci publia « la Dépêche d'Ems » de façon résumée et plus dure. L'opinion publique allemande se révolta : cet incident qui aurait pu passer pour mineur, avait engendré en Allemagne un sentiment de solidarité et de patriotisme inconnus jusque-là.

Napoléon III ne pouvant accepter cette humiliation, déclara donc la guerre à la Prusse le 19 juillet 1970. Les alliances conclues ont permis à la Prusse de gagner la bataille de Sedan et d'emprisonner Napoléon III. Le 4 septembre 1870 Napoléon III fut destitué à Paris et la République proclamée, mais la guerre ne prit fin que le 28 janvier 1871 avec l'Armistice de Paris.

Suivant les conditions de la Paix de Francfort (10 mai 1871), la France devait céder l'Alsace avec Strasbourg ainsi que la partie orientale de Lorraine avec Metz. Les populations des régions orientales étaient essentiellement de langue allemande, alors que celles plus à l'ouest s'exprimaient au moins partiellement en français.

De façon administrative aussi bien qu'éthique et émotionnelle, l'Allemagne n'avait pas réussi à intégrer véritablement l'Alsace-Lorraine. S'il est vrai que l'industrie avait profité considérablement de l'annexion, les relations franco-allemandes avaient souffert de cette situation jusqu'à la Première Guerre mondiale.

L'ensemble de ces événements montre que les agissements des gouvernements, qui vont à l'encontre de la volonté des peuples, ne peuvent que mal inaugurer de la suite.

Aujourd'hui, le traumatisme d'Alsace-Lorraine a certes disparu en tant que tel ; néanmoins, les visiteurs allemands scrutent les villes et les villages à la recherche de traces germaniques. Il nous semble néanmoins que le sourire qui accompagne ces visites n'est plus celui de la tristesse.

Un regard sur la vie culturelle en Allemagne au XIXe siècle révèle que les grands noms de la littérature appartiennent autant, sinon davantage au siècle suivant, où ils figureront au Chapitre III de notre étude comme témoins de leur temps.

*** Une Révolte singulière et individuelle en Allemagne**

Avant de consacrer quelques réflexions à une période limitée dans le temps mais très particulière de l'histoire de la France, il nous semble opportun de procéder une fois encore à un choix éclectique pour rendre hommage à un écrivain bien trop vite disparu : Georg Büchner (1813-1837)[44].

Le fait de ne pas être prussien n'aura guère rendu sa vie privée et professionnelle plus facile, dans la mesure où il avait même fait l'objet d'un mandat d'arrêt (« *Steckbrief* ») en 1834. Il était médecin, scientifique et surtout un écrivain révolutionnaire qui s'insurgeait contre le pouvoir autoritaire et souvent dictatorial. Dans son pays d'origine, la Hesse, il avait trouvé refuge chez des penseurs de son obédience avant de se réfugier en Suisse où il mourut de la typhoïde en 1837.

Si à l'époque il fut considéré comme un dangereux révolutionnaire, ses écrits étaient empreints d'idées socialistes, de sorte qu'il fut influencé par Auguste Blanqui et Saint-Simon. Georg Büchner est donc un exemple des liens intellectuels créés au-delà des frontières, alors qu'une politique européenne ne devait émerger qu'après la Deuxième Guerre mondiale.

-Un jalon important de la vie politique en France est la révolte de la Commune de Paris contre le gouvernement

[44] Georg Büchner, 1834, 1835

de Versailles constitué en 1871, dans le contexte d'une entente qu'on est tentée d'appeler « coopération » entre le Chancelier Bismarck et le Président Adolphe Thiers, au pouvoir jusqu'en 1873.

- « La Commune : Aurore ou Crépuscule? »[45]

Le peuple de Paris, révolté devant la fin de la guerre et le maintien d'une structure sociale quasiment inchangée en dépit de la disparition de la Royauté, s'est soulevé du 26 mars 1871 jusqu'à la « semaine sanglante » du 21 au 28 mai 1871. Il est à remarquer que très vite Karl Marx a considéré la Commune comme la première insurrection prolétarienne autonome.

Notre sujet ne fait certes pas appel à une description détaillée de la tuerie des Communards dont témoigne le Mur des Fédérés au Père Lachaise, ni du massacre des Versaillais au cours de la Semaine Sanglante. Notre propos vise l'évolution de la gauche en France en cette période, dont les séquelles alimentent encore aujourd'hui un débat à la fois politique et intellectuel.

Il est en effet remarquable que la promotion de 1970 de l'Ecole Nationale d'Administration devait comme tous les ans recevoir un nom faisant référence à l'histoire de la France. Le choix fut alors entre « Charles de Gaulle » et « La Commune de Paris ». Le premier l'avait emporté avec cinq voix d'avance, pour donner son nom à la Promotion.

Dès ses débuts, La Commune avait souffert de ses divisions, dans la mesure où les différents mouvements révolutionnaires, socialiste, communiste, anarchiste,

[45] Quentin Deluermoz, 2021

avaient pu créer l'illusion de l'« aurore », pour se scinder rapidement et laisser à leurs opposants la satisfaction de constater que les Gauches étaient incapables de s'unir et de parvenir ensemble à une organisation solide, unitaire et constructive.

L'auteure ne saurait résister, en ce printemps de 2022, à la comparaison avec les événements en France au moment des élections législatives. Les Gauches, momentanément rassemblées, n'ont pas su trouver un dénominateur commun pour défendre leurs intérêts, trop divers.

Rappelons que l'anniversaire de La Commune est fêté en France par le Parti communiste, par Les Amis de La Commune, par la CGT et « La Commune vivante » d'Extrême Gauche, toujours dans un ordre dispersé.

Centenaire de la Commune de Paris

Timbre soviétique commémoratif émis en 1971.

Timbre-poste de l'Union soviétique en 1970, pour célébrer le Centenaire de la commune de Paris

Section 7 – Vers la fin du XIXe siècle

Bien avant la guerre de 1870, le témoignage de George Büchner nous a montré que non seulement l'Allemagne mais aussi la France et d'autres pays européens auraient pu s'engager dans une voie tout autre que celle qui fut suivie. Certes, les structures politiques aussi bien que constitutionnelles étaient désormais très différentes : en France, six Présidents de la IIIe République se suivaient jusqu'à la fin du siècle, alors que l'Allemagne était toujours un Empire sous Guillaume I puis Guillaume II, mais en réalité politiquement dirigée par le Chancelier Bismarck jusqu'en 1890.

Dans ce contexte naît une dualité observée dans les deux pays : les Présidents de la IIIe République, d'orientation majoritairement modérée, sont aux prises avec une bourgeoisie et plus généralement une classe de possédants qui ne parvient pas à cacher sa honte face au vainqueur, mais également avec un « prolétariat » qui ne se reconnaît pas dans le régime républicain et qui aperçoit dès 1871 une alliance implicite entre Thiers et Bismarck.

En Allemagne, à la fois le militarisme et l'inconstance des Empereurs vont de pair avec le maintien de l'ordre ancien, en occultant pour les couches laborieuses la fierté d'une guerre gagnée qui leur a imposé de lourds sacrifices dont elles attendent en vain la reconnaissance de la nation.

Ainsi, l'histoire des peuples qui constituent désormais les deux nations, engendre des courants de pensée et d'action convergents.

* Le mouvement ouvrier en Allemagne[46]

Le mouvement ouvrier allemand a pris naissance au Royaume de Saxe en 1863, à l'initiative de Ferdinand Lasalle, pour former le « Allgemeiner Deutscher Arbeiterverein » (Association Générale des Travailleurs allemands). Il est à remarquer que les objectifs proclamés concernant le droit de vote général et l'aide de l'État pour la création de coopératives de production, devaient tous être poursuivis de façon non violente.

Le mouvement socialiste des décennies à venir a ainsi ses racines en Saxe, de sorte que très vite on a pu parler du « Royaume rouge de Saxe ».

Or, aussitôt un mouvement opposé fut créé en 1863, d'orientation libéral-démocrate, le socialiste August Bebel en étant le Président. Cette entité devenait en 1868 membre de l'« Association Internationale des Travailleurs », d'orientation marxiste.

Il est vrai qu'une unification a eu lieu en 1875, où dominait le Parti par rapport à l'Association, la lutte des classes et l'abolition de l'économie de marché dominant les objectifs sectoriels et professionnels. En 1890, une réorganisation aboutissait à la fondation du « Parti Socialdémocratique d'Allemagne » (Sozialdemokratische Partei Deutschlands, SPD).

Au cours de cette évolution se manifestait une inquiétude grandissante du gouvernement du Reich, les attentats contre l'Empereur Guillaume I en 1878 servant faussement de prétexte pour la proclamation du « Sozialistengesetz » (Loi [anti] socialiste). Le titre

[46] Günter Naumann, 2008

complet était « Loi contre la Social-Démocratie en tant que danger public ». En d'autres termes, la Social-Démocratie était devenue l'ennemi de l'État.

Cette Loi comportait l'interdiction du Parti et des syndicats, et instaurait généralement un environnement de terreur et d'oppression. Néanmoins, le mouvement ouvrier ne pouvait plus être supprimé, de sorte que le Parlement (Reichstag) refusait en 1890 la prolongation de la Loi qui avait été instaurée en 1878.

On constate alors une forte incohérence entre les décisions du Parlement d'une part, et les réformes instaurées par le Chancelier Bismarck d'autre part : Interdiction du Parti socialiste, mais une législation sociale qui depuis devait servir d'exemple à de nombreux États. Il s'était ainsi manifesté une évolution que retient désormais l'histoire : les faits ont tendance à précéder le droit.

L'explication était la volonté affirmée du Chancelier de gagner l'accord des ouvriers pour sa politique intérieure aussi bien qu'extérieure, en la présence d'un Empereur influençable.

Le programme de politique sociale fut présenté en novembre 1881 devant le Reichstag. Les assurances sociales ainsi créées concernaient les accidents, la maladie, l'invalidité et la vieillesse. De l'avis des ouvriers, ce cadre n'était pas assez général pour que le mouvement ouvrier ait pu être gagné par la politique bismarckienne, condition préalable pour le succès de cette politique à plus long terme.

*** Les luttes violentes en France**

À la suite de la légalisation des syndicats en 1864, le mouvement ouvrier a pu rejoindre la Première Internationale ouvrière à laquelle allaient participer également des ouvriers allemands, à titre plutôt individuel ou par petits groupes suivant les archives.

Or, cette initiative d'union peut être considérée comme étant essentiellement symbolique ; la lutte ouvrière devait continuer en France à la suite de l'étouffement dans le sang de La Commune, avec une violence que n'a pas connu l'Allemagne.

¤ Les grèves de 1873 à 1895

Dans le contexte de notre étude, les exemples de Decazeville et de Fourmies illustrent bien les différences entre les mouvements français et allemands à cette époque.

C'est ainsi qu'à Decazeville, une ville minière de l'Aveyron vivant de l'extraction de la houille depuis le début du XIXe siècle, a lieu un soulèvement violent des ouvriers. Il faut savoir que la ville était éloignée des infrastructures de transport, ce qui la pénalisait par rapport aux mines du Nord.

En dépit de nombreuses grèves violentes avec une quinzaine de morts en 1869 et 350 licenciements en 1875, le directeur décide fin 1885 de baisser les salaires de plus de 30%, au titre de la compétitivité. Le 26 janvier 1886, plus de 1000 ouvriers l'agressent dans son bureau et finissent par le défenestrer.

Le Général Boulanger envoie l'armée, alors que les baisses de salaires se poursuivent. Entretemps, la première fois depuis La Commune, le mouvement ouvrier se montre révolutionnaire ; néanmoins, il s'entredéchire : était-il admissible d'assassiner le patron? Toujours est-il qu'on assiste à une manifestation de solidarité avec les conseils municipaux de Béziers, Paris, Lyon, Marseille et d'autres villes. Un wagon de nourriture arrive de Perpignan à Decazeville!

La grève va durer 108 jours, jusqu'au 12 juin : les employeurs sont forcés d'accepter des augmentations de salaire pour sauver leurs productions.

Quelques années plus tard, en 1891, avait lieu à Formies, une petite ville du Nord, une manifestation pacifique se dirigeant vers la Mairie[47]. La troupe envoyée par le ministre de la Guerre et équipée de nouveaux fusils d'une portée de plus de deux kilomètres, tire sur les manifestants. Parmi les victimes il y a de nombreux jeunes dont une jeune ouvrière, Marie Blondeau qui devient l'effigie de la Vierge profane.

¤ Les débuts d'une législation sociale internationale

À la suite de ces événements et au cours de la même année, l'Internationale socialiste renouvelle à Bruxelles les exigences déjà proclamées en 1889 : essentiellement la journée de travail de 8 heures, le 1er mai devant être férié, et représenter la grande journée internationale du travail.

Or, pour protéger ses intérêts et maintenant des productions profitables, le patronat va consentir par la voie

[47] Midi Insoumis, Populaire et Citoyen, 2021

parlementaire trois lois avant la fin du siècle, qui sont censées calmer les esprits revendicatifs.

C'est ainsi que la création de l'Inspection du Travail est votée en 1892. Le travail des enfants dans les manufactures est limité à 10 heures et plus généralement celui des hommes à 12 heures par jour. Des Inspecteurs du Travail devront contrôler l'application de la réglementation. Sera contrôlée également l'application des premiers règlements concernant l'hygiène et la sécurité sur les lieux du travail.

La Loi sur l'assistance médicale gratuite date de 1893. Elle s'applique à tous, indépendamment de leur catégorie socio-professionnelle. Les premiers régimes d'assurance sociale datent de 1894 pour les mines, mais pour les chemins de fer il faudra attendre 1909.

En 1898 le Parlement adopte une Loi sur les accidents du travail. Ce texte est remarquable dans la mesure où pour la première fois le patron est responsabilisé. Il doit supporter les frais médicaux et en cas d'invalidité verser une indemnité de 33 à 50% du salaire.

*** Karl Marx et Émile Zola : du « Capital » à « Germinal »**

Ici encore, le lecteur devra accepter un choix personnel, bien que les deux grandes figures en présence bénéficient d'une stature singulière.

Pour les besoins de notre sujet, il ne s'agit guère de vouloir retracer le chemin de la pensée marxiste. En effet, la lutte des classes se greffe sur les aspects proprement économiques dont les jalons sont analysés dans « Le

Capital »[48]. L'exploitation des travailleurs signifie que les patrons leur « volent » une partie des fruits de leur travail, dans la mesure où ils ne leur attribuent sous la forme du salaire qu'une partie de la valeur de la production, en conservant la « plus-value ».

En jetant un regard en arrière, et sans qu'on puisse établir un véritable parallélisme, Marx est plus proche des Physiocrates que des Mercantilistes (cf. supra). En effet, s'il est vrai que la terre a besoin de bras pour porter ses fruits, les activités commerciales peuvent être considérées comme stériles au sens du raisonnement physiocrate ; lorsque le capital accumulé ne sert pas à des fins productives mais est investi, par exemple, dans l'immobilier, il servira par la suite à extorquer des loyers excessifs aux ouvriers.

Toujours est-il que Marx s'appuie en partie sur les analyses économiques de Ricardo, en leur donnant une connotation politique, par le biais d'une subdivision de la population en classes sociales, où le prolétariat et la bourgeoisie poursuivent des objectifs antagonistes. L'idée que la lutte des classes finira par faire disparaître le capitalisme porte depuis l'empreinte de l'utopie marxiste.

Comme le soulignent Jean-Numa Ducange et Antony Burlaud[49], les réactions des socialistes français au marxisme étaient généralement critiques, puisqu'ils sont très attachés au contexte républicain et peu enclins à s'engager dans un débat théorique, en privilégiant une politique essentiellement réformiste.

---

[48] Karl Marx, 1867
[49] Jean-Numa Ducange, Antony Burlaud, 2018

Or, si en Allemagne les idées marxistes ont nourri le débat théorique, on peut l'attribuer assez largement au contexte institutionnel : l'Allemagne était un Empire avec un exécutif tout puissant qui s'employait à maintenir les masses laborieuses sous la « couverture » des lois sociales, en tendant la main à une bourgeoisie conservatrice.

Quant aux socialistes français, l'acquis de la République comme base sociétale devait être préservé, et des réformes plutôt que la violence prônée par le marxisme introduites, pour familiariser les employeurs ainsi que leurs collaborateurs avec les temps modernes.

Germinal, le treizième roman de la série des Rougon-Macquart d'Émile Zola[50], reflète cette période que nous venons de dessiner. Issu de la bourgeoisie, Zola décrivait les conditions de vie déplorables du « peuple », en choisissant comme exemple devenu emblématique, le monde minier.

Zola reconnait implicitement que les mutations économiques qui, au nom d'une concurrence internationale entre l'Allemagne, la France et l'Angleterre, conditionnent rapidement une restructuration du capital. Néanmoins, la perte de terrain des petites entreprises au profit des grandes, est responsable de la misère du prolétariat livré au bon vouloir des « Compagnies de Montsou » de *Germinal.* Le personnage d'Étienne Lantier renvoie à celui d'Émile Basdy, ancien mineur devenu député et défendant les exigences des travailleurs.

Le message le plus fort du roman est peut-être le propos de l'anarchiste Souvarine :

---

[50] Émile Zola, 1885

'Augmenter le salaire, est-ce qu'on peut? Il est fixé par la loi d'airain à la plus petite somme indispensable, juste le nécessaire pour que les ouvriers mangent du pain sec et fabriquent des enfants... S'il tombe trop bas, les ouvriers crèvent, et la demande de nouveaux hommes le fait remonter. S'il monte trop haut, l'offre trop grande le fait baisser... C'est l'équilibre des ventres vides, la condamnation perpétuelle au bagne de la faim'.

Il est évidemment très révélateur que Zola fasse dire ces paroles par le personnage qu'il qualifie lui-même d'« anarchiste », ce qui implique une certaine distanciation par rapport à cette vision proprement marxiste.

Était-ce un sursaut au-delà de la prise de conscience de la misère ouvrière, en voulant agir pour que les conditions de vie des « masses » changent ? Par la suite, Zola s'exprime de façon encore plus radicale et violente dans « J'accuse », un fervent appel à la justice de la part d'un écrivain qui n'avait pas jusque-là témoigné de la sympathie aux juifs. Peut-être que le paragraphe suivant pourra jeter quelque lumière sur ces coups de tonnerre.

¤ « Germinal », de la révolte à la révolution : histoire d'une évolution »[51].

Il est certain que ce propos brillant de Juliette Azoulai pourrait à première vue nous éloigner de notre sujet. Néanmoins, il s'adresse aussi bien à Marx et Engels qu'à Zola, en appartenant ainsi à la mémoire collective de l'Allemagne ainsi qu'à celle de la France.

---

[51] Juliette Azoulai, 2014

Ainsi, en prenant du recul par rapport à l'image littéraire, on retiendra que la notion de l'évolution appartient à la biologie, et celle de révolution à l'histoire. Or, Herbert Spencer (1820-1903) porte les théories darwiniennes sur le terrain de la sociologie et donc de l'histoire, en développant une théorie qu'on peut qualifier d'aristocratique.

Le *struggle for life* darwinien figure également chez Marx et Engels, en cherchant un fondement historique à la lutte des classes.

Ainsi, dans *Germinal*, les discussions entre Étienne Lantier, le marxiste, et Souvarine, l'anarchiste, portent sur la possibilité de faire converger les théories évolutionnistes vers la révolution comme idéal.

La révolution fait-elle forcément appel à un acte historique qui serait donc contraire à la nature ? Les propos d'Étienne laissent entrevoir une possibilité de réconciliation dans le temps entre la révolution historique et l'évolution biologique ou naturelle.

Or, comme le souligne Juliette Azoulai, la métaphore de la germination fait appel à la continuité représentée par la poussée du germe, et ensuite à la rupture, à l'éclatement de la terre qui ne saurait plus résister à la poussée. *Germinal* interprété de la sorte, Zola s'inclinerait-il finalement devant l'utopie révolutionnaire?

*** Le rapprochement de l'Histoire**

Aujourd'hui, quelques générations seulement nous séparent du XIXe siècle finissant, ce qui fait appel à des regards plus immédiats et soutenus par la mémoire, par rapport à ce qui pouvait être dit pour les périodes précédentes.

¤ Les regards de jadis

De quelle manière furent ressenties les dernières décennies du XIXe siècle par les populations en France et en Allemagne ? Pour essayer de se représenter ce passé, il faut poser les jalons de la « Longue Dépression », appelée ainsi de préférence à une « Grande Dépression » ou encore à une « Grande Déflation ».

En effet, le « krach » de la Bourse de Vienne le 9 mai 1873 ne saurait suffire pour expliquer des évolutions qui devaient continuer jusqu'en 1896. Pour les besoins de notre sujet, il faut tenir compte des lourdes indemnités de guerre à payer par la France à l'Allemagne, qui gonflaient le crédit et donc la spéculation.

Néanmoins, des difficultés de gestion macroéconomiques s'étaient fait jour bien avant la guerre de 1870, dans la mesure où les prix énergétiques ne cessaient d'augmenter en fonction du coût d'extraction du charbon, nonobstant le niveau très déprimé des salaires payés dans les mines (cf. supra).

La situation était particulièrement dramatique dans le secteur agricole, engendrant un chômage massif. Pour la France, ce fut pire encore que pour l'Allemagne, étant donné que l'industrialisation était moins dynamique, de sorte que la misère de la population pesait plus lourdement sur ce secteur que par ailleurs.

L'humiliation de la guerre perdue, d'un côté, et la fierté de la victoire de l'autre ont déjà été soulignées, mais il nous semble qu'une composante exogène a pu jouer en faveur d'un sentiment de souffrance partagée : la gravité de la situation, surtout sur le plan de l'agriculture, était due à la concurrence des États-Unis à l'issue de la Guerre de Sécession.

Les produits les plus concernés étaient les céréales et la laine. Ici encore, la France souffrait plus que l'Allemagne, étant donné que la nourriture des Français s'adressait moins aux pommes de terre, en dépit de leur introduction déjà assez ancienne (cf. supra).

En conséquence, si la mémoire de la guerre restait présente au-delà de la fin du siècle, on peut estimer que pour le peuple, à l'exception des élites, la misère de la dépression mérite d'être attribuée avant tout à l'ennemi d'Outre-Atlantique, lorsqu'il s'agit d'analyser les sentiments nationaux des deux pays.

¤ Les regards d'aujourd'hui

Qu'en est-il aujourd'hui des sentiments qu'éprouvent français et Allemands au sujet cette époque ? Peut-on parler d'un antagonisme?

Pour ce qui est de l'Allemagne, on reconnait que les paiements d'après-guerre ont vidé les coffres de la Banque de France, en conduisant à un gonflement inapproprié de l'accumulation Outre-Rhin, nourrissant la spéculation. Cependant, trop de bouleversements sont intervenus entretemps pour que cet épisode puisse encore nuire aux relations franco-allemandes.

En France, on est de nos jours conscient du fait que l'Allemagne avait pris une avance importante concernant la politique sociale, bien que ce fut pour des raisons essentiellement politiques (cf. supra). Par ailleurs, l'enseignement y avait été développé plus vite, au plan technique et secondaire, un niveau généralement plus élevé d'instruction ouvrant de meilleures perspectives de croissance. Certes, l'enseignement primaire devient obligatoire sous la Troisième République, mais l'opinion reconnaît aujourd'hui son insuffisance et un malthusianisme persistant en matière d'éducation.

Imposer la scolarité dans les faits, était dans l'Allemagne du Reich conforme aux exigences des employeurs de disposer d'une force travail suffisamment instruite et capable de se former.

Section 8 —Une honte partagée : la Colonisation

La colonisation a commencé au XVIe siècle par l'intrusion des Européens en Afrique, Amérique et Asie avec un double objectif, à savoir l'esclavage d'une part et l'exploitation des ressources, d'autre part[52]*. Or, si ces finalités n'ont jamais varié depuis, nous allons nous concentrer ici sur les événements du XIXe siècle, en évoquant en priorité les agissements de la part de la France et de l'Allemagne pendant l'« âge impérialiste ».*

Constatons d'abord que la politique proclamée n'est plus celle de l'évangélisation, qui avait servi jadis de faire-valoir de l'occupation des terres lointaines, mais désormais une politique de domination, les états européens cherchant à justifier celle-ci par les progrès apportés aux colonisés au titre d'une civilisation supérieure.

[52] Marc Ferro, 2016

Ainsi, l'Angleterre, l'Allemagne et la France se livraient une concurrence ardue qui faisait que les colonies passaient d'une main impériale à l'autre, au gré des guerres et des démonstrations de force. Ceci étant, notre exposé va déborder en s'orientant vers le début du XXe siècle, devant la toile de fond des relations franco-allemandes.

*** L'Évolution de la politique allemande**

Dans l'immédiat après-guerre, Bismarck n'avait pas été trop favorable à l'affirmation de la puissance allemande par le biais de la colonisation. Il devait reconnaître que les initiatives prises par des sociétés commerciales allemandes (si le terme n'était pas trop flatteur), n'avaient pas fait leurs preuves, et que par ailleurs les tensions entre les Empires européens exigeaient l'intervention publique sous la forme de protectorats.

Par ordre chronologique, les territoires ainsi colonisés par l'Allemagne étaient les suivants :
1884 : le Sud-Ouest africain allemand, le Cameroun, le Togo
1885 : l'Afrique orientale allemande

Des terres plus lointaines furent également conquises : :
1885 : la Terre de l'Empereur Guillaume, au large de la Nouvelle-Guinée, et les Îles Marshall.
1899 : les Îles Carolines, les Mariannes, les Îles Palaos, les Îles Samoa-Upolu et Samui

On peut ajouter que dès 1884 le Reich avait acheté le territoire de Kiaou-Tcheou à l'Empereur de Chine pour y ouvrir un comptoir.

L'intérêt politique et militaire de la plupart de ces territoires était la présence, ou construction, de bases navales.

À partir des colonies africaines avait lieu la traite négrière vers le Nouveau Monde, ce dont témoignent des peintures émouvantes conservées.

Les nombreuses révoltes dont la plus connue est celle des Héréros en 1904 au Sud-Ouest africain allemand, furent étouffées dans le sang, ce qui exigeait évidemment l'intervention de la troupe envoyée à partir du Reich. Par son ampleur, cet événement est aujourd'hui reconnu comme ayant été un génocide.

Il faut relever à part le cas du Togo, connu comme « colonie modèle » allemande. Les nombreuses réalisations allemandes, surtout celle du wharf et du chemin de fer[53], semblent faire encore de nos jours la fierté d'une ancienne colonie devenue indépendante depuis plusieurs générations.

Dans l'ensemble, les espoirs du Reich en un enrichissement sur le plan des exportations comme des importations, furent déçus.

Le colonialisme allemand avait été de courte durée ; il parait que le Chancelier Adenauer aurait dit un jour en tête à tête au Général De Gaulle qu'il se félicitait de ne pas être dans le même *embroglio* que la France au cours des années soixante, étant donné les difficultés du désengagement à la lumière des nouvelles indépendances.

---

[53] Christine de Gemeaux, 2016

*** La politique coloniale française depuis le Congrès de Vienne**

Au début du XIXe siècle, il faut tenir compte de deux événements : d'abord, la vente de la Louisiane aux Etats-Unis en 1803, Bonaparte Premier Consul réalisant qu'il ne pourrait pas défendre cet immense territoire contre la convoitise anglaise, et ainsi combattre sur deux fronts.

Par ailleurs, environ 600 000 esclaves « importés » d'Afrique dans la colonie française de Saint-Domingue, se soulevaient à partir de 1891. Rappelons qu'un affranchissement général avait eu lieu en 1793, mais que Napoléon avait voulu rétablir l'esclavage en 1802. Décidé de défendre les richesses agricoles de l'île au profit de la métropole, Napoléon envoyait la troupe qui fut battue à Vertières en 1803.

Des historiens français relatent les « pulsions exterminatrices » des soldats français, des comportements tout de même incompatibles avec les idéaux proclamés de la République.

Haïti, premier état noir, fut créé en 1804. Ajoutons qu'en 1825 Charles X exigeait d'Haïti le remboursement d'une dette pour dédommager les planteurs français dépossédés de leurs terres. Cette dette fut soldée en 1883, mais les agios des emprunts qu'avait dû souscrire l'état haïtien tardèrent de l'être jusqu'au milieu du XXe siècle, Haïti étant ainsi depuis sa création parmi les états les plus pauvres du monde. Les regrets prononcés dans ce contexte par différents Présidents français attendent toujours des actes.

La disparition des colonies restantes au XXe siècle sera évoquée au Chapitre suivant.

Dans un sursaut de fierté consécutif à l'humiliation lors du Congrès de Vienne en 1815, la France s'était tournée dès 1830 vers l'Algérie.

Concernant le XIXe siècle, les faits se sont déroulés de la façon suivante :

À la suite des soulèvements tribaux contre l'Empire ottoman de 1804 à 1827, l'Algérie a connu en cette dernière année une crise politique avec la France, au sujet d'une dette française impayée. Le consul de France est convoqué par le Dey d'Alger.

1830 : Les troupes françaises prennent Alger, le Dey Hussein Khodja signe la capitulation.

1832 : L'Émir Abd El-Kadeer proclame le djihad contre la France.

1837 : Par le Traité de la Tafna, la France reconnait la souveraineté d'Abd El-Kader sur les deux tiers de l'Algérie. La France conserve des possessions, surtout Alger, Blida et Oran. En octobre, les troupes françaises prennent Constantine.

L'année 1843 est une date noire de l'Histoire, du fait de la prise de la Smaah d'Abd El-Kader par le duc d'Aumale et des massacres des populations civiles par les troupes françaises.

Après la bataille d'Isly en août et les atrocités continues, Abd El Kader se rend fin 1847.

La même année, l'Algérie devient un département français.

La « francisation » signifie la répression dans le sang des insurrections dans les Aurès et en Kabylie, de 1850 à 1870.

1871 : Révolte kabyle contre la confiscation de 500 000 hectares de terres, attribués aux colons.

1881 : Adoption du Code de l'Indigent pour les Algériens musulmans.

1889 : Tous les descendants d'Européens en Algérie se voient accorder la nationalité française, mais pas les musulmans.

Nous constatons donc qu'avant la fin du XIXe siècle, la France comprend un département dont la population n'est qu'en partie composée de citoyens français. Cette absurdité juridique va de pair avec l'humiliation morale. Elle évoque les théories portant sur les « races inférieures » en présence dans certains milieux scientifiques.

Avoir relaté la souffrance du peuple algérien bien avant le XXe siècle, semble nous éloigner de notre sujet, mais la comparaison avec l'histoire coloniale allemande nous aura permis d'insister sur la conduite honteuse des colonisateurs des deux pays.

La culpabilité ne saurait être mesurée, de sorte que la prise de conscience doit prévaloir aujourd'hui.

Conclusion au Chapitre II

L'histoire du XIXe siècle évoque surtout des regrets : pourquoi les guerres et les souffrances partagées par les mémoires collectives en France comme en Allemagne n'ont pas pu empêcher une résurgence apocalyptique des conflits au siècle suivant?

En attendant, ce Chapitre a voulu souligner l'inséparabilité du politique et de l'économique, l'éthique ayant eu du mal à figurer en toile de fond. Les avancées sociales en Allemagne étaient le fruit des efforts d'un chancelier conservateur qui y voyait le seul moyen de contrer les doctrines marxistes.

En même temps, la bourgeoisie ainsi que l'entrepreneuriat allemand bénéficiaient d'une satisfaction morale dans la mouvance d'un protestantisme calviniste plutôt que luthérien : ceux à qui le Seigneur a donné la possibilité d'une prospérité matérielle, se doivent de venir en aide aux autres dont la vie terrestre est plus difficile.

Toujours est-il qu'aujourd'hui encore l'opinion publique allemande salue la mémoire de Bismarck comme celle d'un grand démocrate qui n'avait pas eu besoin d'une appartenance socialiste pour améliorer le sort des masses laborieuses.

Un Empereur faible et indécis s'était laissé imposer la politique du chancelier, alors qu'en France les Présidents de la IIIe République se suivaient très rapidement depuis Adolphe Thiers ; généralement d'orientation politique modérée, comme il a été dit, ils étaient insuffisamment à l'écoute des représentants du mouvement ouvrier et peu conscients de l'urgence d'une inflexion réelle de la politique.

Vers la fin du XIXe siècle, on constate par ailleurs une internationalisation croissante des revendications des travailleurs, qui allait à l'encontre des nationalismes partout en Europe. Dans le cadre de notre étude, ceci vaut autant pour l'Allemagne que pour la France dont les syndicats faisaient valoir les victoires des ouvriers américains, notamment au sujet de la durée de la journée de travail.

La discussion des théories marxistes continue en France comme en Allemagne, et l'habitude prise de pointer du doigt l'effondrement de leurs concrétisations dans les pays jadis sous le règne communiste, peut être considérée comme un raccourci trop commode pour balayer une vision jugée utopiste.

Nous avons fait figurer Marx et Zola ; leur combattivité n'était pas de même nature, mais elle visait toujours l'injustice et l'oppression des uns par les autres. Est-il possible de mener ce combat autrement que par la révolution, ou peut-on faire appel à la dignité humaine telle que Zola la défendait? La question reste posée.

Depuis, deux guerres mondiales ont fait que la présence de l'histoire du XIXe siècle n'est plus immédiate.

Si les traces ne sont certes pas effacées de la *mémoire* collective franco-allemande, elles peuvent être considérées comme ne relevant plus de la *douleur* collective. D'autres souffrances profondes sont venues nous faire subir un long XXe siècle qui a failli faire perdre son âme à l'Humanité.

CHAPITRE III
LE LONG XXe SIECLE

« ... On ne croyait pas au retour de la barbarie ni en des guerres entre les peuples de l'Europe, pas plus qu'en des sorcières et des fantômes ; nos pères furent sincèrement pénétrés par la confiance en la force irrémédiable et saisissante de la tolérance et de la conciliation. Ils pensaient honnêtement que les frontières des divergences entre les nations et les confessions se dissoudraient au fil du temps pour devenir un fleuve partagé d'humanisme, en donnant ainsi à l'humanité entière la paix et la sécurité, ces biens suprêmes »[54].

Section 1 – La fin de la Belle Époque

* Des héritages communs

Pourquoi ce pluriel? La raison en est la suivante : parallèlement aux multiples acquis scientifiques et techniques lors de cette époque, on observe des phénomènes existants depuis des siècles mais émergents désormais avec force : L'Antisémitisme et l'Antiféminisme. Il en sera tenu compte à la suite de l'évocation des avancées réalisées avant l'éclatement de la Grande Guerre.

¤ L'optimisme régnant

Tout en suivant le fil de notre recherche, des traces de la mémoire collective, l'environnement de cette période mérite d'abord une mise en relief de ce qu'il est courant de désigner comme La Deuxième Révolution Industrielle,

[54] Stefan Zweig, 1941, cit. p. 17, traduit de l'allemand par l'auteure.

conjointement avec des changements profonds du monde du travail et le bouleversement du contexte confessionnel.

Sans procéder de façon proprement chronologique, on constate des évolutions technologiques qui furent en effet révolutionnaires : l'électrotechnique se distingue par l'arrivée de la « Fée Électricité » dont il est difficile de mesurer l'impact aujourd'hui. L'industrie automobile naissante saluait l'arrivée des moteurs à combustion, alors que les trains pouvaient rouler beaucoup plus vite grâce aux rails en acier.

La conquête de la mer et de l'air voyait arriver des bateaux énormes dont les pistons furent remplacés par des turbines. En dépit de l'accident du Zeppelin, l'air devenait désormais un espace accessible, symbolisé par la traversée de la Manche.

Par ailleurs, le progrès de l'industrie chimique donnait lieu à de multiples formes de production qui profitaient certes à l'industrie alimentaire, mais autant sinon davantage à l'amélioration de l'hygiène et aux progrès de la médecine. Il est certain que dans ce dernier domaine. La découverte des rayons X par le Professeur Röntgen en 1905 constitue l'avancée la plus fondamentale, en étant une des pierres angulaires des examens médicaux à ce jour.

Or, la conséquente croissance de la population et l'espérance de vie augmentée, faisaient appel à un nouveau mode du travail dont l'exemple le plus connu fut l'invention du tapis roulant en 1903. L'aspect négatif, ici comme par ailleurs, est l'uniformisation et donc l'ennui de la tâche à accomplir, contrairement à l'ouvrage conçu et fabriqué par une seule et même personne.

Néanmoins, la prospérité générale avec des prix de production unitaires en baisse et des salaires en hausse, était en mesure de compenser au moins en partie une parcellisation du mode de fabrication généralisée.

Il parait évident que cette évolution favorisait également l'instruction du plus grand nombre, bien que de façon assez différenciée, ce dont il sera question lors de l'évocation spécifique des pays. La même chose vaut pour le mouvement des femmes, des personnalités telles que Marie Curie ayant été des exceptions dans le monde entier à cette époque.

Ainsi, en dépit de cette indéniable « massification », on constate jusque vers la fin de la Belle Époque une ambiance d'optimisme qui profitait aux arts et à la culture en général. Avec un brin de cynisme, on peut ajouter que les cabarets, les cinémas et les cirques avaient une clientèle populaire, alors que les milieux intellectuels admiraient l'impressionnisme de Cézanne, puis le cubisme de Picasso.

Comme l'avait si bien décrit Stefan Zweig, il régnait un optimisme qui semblait écarter à tout jamais ce qui ressemblerait au monde de 1870/71. Cet optimisme en un avenir forcément rayonnant fut durement ébranlé par le naufrage du Titanic le 15 avril 1912 qui constituait un réveil brutal, la peur s'installant subitement.

¤ L'Antisémitisme et l'Antiféminisme[55]

Aujourd'hui, ces deux tendances méprisantes sont toujours en présence, tout en étant plutôt l'apanage d'extrémismes de nature diverse. Il est néanmoins vrai que

[55] Marina Allal, 2006

l'homme de la deuxième moitié du XXe siècle comme celui d'aujourd'hui, éprouve un certain malaise du fait de la confrontation avec une femme qui ne voit plus en lui le maître de la maison ainsi que d'elle.

Il en fut autrement vers la fin du XIXe et le début du XXe siècle, lorsqu'un véritable code culturel en vigueur pendant l'époque wilhelmienne devait rendre par la suite la propagande nazi d'autant plus facile.

S'il est vrai qu'en France le dénouement de l'affaire Dreyfus redue publique par l'ouvrage *J'accuse* de Zola, avait pour un temps éloigné l'antisémitisme du devant de la scène, Franz Kafka n'était que peu entendu en Allemagne et Autriche dans ce contexte.

En fait, l'image du juif et celui de la femme représentaient, bien que de façon différente, une altérité de l'identité nationale, l'antisémitisme soumettant le juif à l'aryen, alors que la femme se devait être respectueuse de l'image genrée.

Si aujourd'hui les écrits d'un Otto Weininger paraissent ridiculement puérils, l'identité nationale étant symbolisée par l'homme aryen et blond aux yeux bleus de préférence, leur impact par des citations telles que « les juifs sont notre malheur », constituait à l'époque une justification pour une opinion publique en mal de bouc émissaire.

Comme le souligne Marina Allal, ces réactions peuvent être considérées comme un rejet des Lumières, quand on pense aux caricatures du banquier juif bedonnant et rapace, alors que d'autres images faisaient appel au juif véreux et chétif incapable d'affronter un aryen musclé et courageux.

La présence d'un nombre élevé de membres des professions libérales à Berlin come à Paris, de confession ou seulement d'origine juive, suscitait la colère de leurs collègues non-juifs, sans qu'il y ait une différenciation claire entre les argumentations raciale et politico-nationaliste.

On peut citer un cas particulièrement grotesque, à savoir celui de Sarah Bernhardt dont les journalistes ne semblaient pas trop savoir s'il convenait de saluer l'immense artiste, ou l'affubler du profil de la juive « typique » et donc susceptible d'être marginalisée.

Comme le soulignent Theodor Adorno et Max Horkheimer[56], et sans qu'il puisse être question d'une congruence parfaite, l'antisémitisme comme l'antiféminisme témoignent d'un processus intellectuel de domination et donc d'exclusion, du juif et de la femme, du pouvoir.

Les juifs n'appartenant en réalité pas à une nation mais au judaïsme mondial, s'opposent ainsi implicitement aux ambitions nationales des pays, alors que la femme qui veut travailler et qui aspire à une égalité juridique, détruit le foyer et sort de son rôle d'épouse et de mère.

On peut ajouter à titre anecdotique qu'en France le Baccalauréat fut rendu accessible aux jeunes filles à partir de 1905, alors que Marie Curie s'était vue attribuer le prix Nobel en 1903. Pour ce qui est de l'Allemagne, un texte de loi fut voté seulement en 1908 ; néanmoins, six candidates s'étaient présentées à l'examen sans avoir pu suivre une scolarité officielle, et avaient obtenu leur diplôme en 1896. Des luttes spécifiques s'étaient donc

[56] Theodor Adorno et Max Horkheimer, 1969

déroulées parallèlement dans le temps, dans les deux pays. Or, les résistances avaient été particulièrement tenaces dans les régions catholiques du Sud de l'Allemagne.

Il se trouve que ces jours derniers, au mois d'août 2021, la conjonction de l'antisémitisme et de l'antiféminisme a éclaté plus particulièrement en France, lors de la dégradation répétée du monument honorant la mémoire de Simone Veil, rescapée de la Shoa et grande figure de la lutte pour l'émancipation des femmes.

Ainsi, ce paragraphe a voulu mettre en relief un héritage partagé et dont ni la France ni l'Allemagne ne sauraient être fières.

*** L'image du *Reich***

À la suite d'une guerre gagnée, l'évolution de l'Empire allemand unifié en apparence mais hétéroclite dans sa composition, a connu une évolution dont il est difficile de savoir aujourd'hui si une autre structure constitutionnelle aurait pu éviter le cataclysme d'un nouveau conflit.

Il est au départ certain que l'essence d'une monarchie constitutionnelle peut être fort diverse, ce dont témoignent jusqu'à ce jour les démocraties d'Europe du Nord.

Pour faire accepter la monarchie par les travailleurs, les successeurs de Bismarck comme chanceliers du Reich ont poursuivi la politique sociale, de sorte que dès 1891 la réglementation comportait des limitations du temps de travail des enfants, des adolescents et des femmes.

À cause du développement industriel général (cf. supra), mais aussi en fonction de la politique commerciale et des tarifs douaniers d'importation, le marché intérieur allemand était bientôt insuffisant, de sorte que suivant une formule attribuée au Chancelier Caprivi, il fallait exporter des marchandises ou des hommes. Il est vrai qu'un flux d'émigration avait lieu au tournant du siècle.[57].

Or, en 1893 le Parlement avait approuvé un projet de loi visant l'augmentation de l'armée de terre pour atteindre presque 600 000 hommes. Il parait évident que cette initiative heurtait l'opinion à l'étranger, mais aussi l'opposition du *Reichstag* (Parlement), en étant interprétée comme un signe avant-coureur des visées impérialistes de l'Allemagne.

En attendant, différentes branches d'assurance furent renforcées pendant la première décennie du XXe siècle, au cours du mandat du Chancelier von Bülow, et le travail des enfants définitivement interdit, y compris dans le cadre du foyer familial. L'impôt sur les successions devait également calmer le mouvement ouvrier, qui s'insurgeait contre l'enrichissement des entrepreneurs de l'époque, dans une optique assez proche des thèses marxistes[58].

Par la suite, et à partir de 1910 environ, cette évolution progressiste s'est vue bloquée par le soutien des conservateurs au gouvernement. Ainsi, une réforme du droit électoral prussien toujours en vigueur, fut bloquée, de sorte que l'électorat exclusivement masculin en trois classes restait en vigueur.

Une particularité intervenue en 1911 doit figurer ici, pour être interprétée comme un geste d'apaisement :

---

[57] Günter Naumann, 2018, p. 65

[58] Les droits de succession sont d'actualité en France en ce début de l'année 2022.

L'Alsace-Lorraine, depuis 1871 aux ordres d'un Gouverneur responsable seulement à l'Empereur, disposait désormais d'un parlement régional avec deux chambres. Il n'est par ailleurs pas certain que la génération laborieuse de cette époque déplorait réellement son rattachement à l'Allemagne, étant donné une législation nettement plus avancée par rapport à celle de la France.

Lors des élections générales de 1912, le Parti socialiste devenait le premier parti du *Reichstag.* Comme le souligne Naumann (cf. NbP 54), cette véritable victoire était due au rapprochement avec le « Parti du Progrès » (*Fortschrittspartei)* ; le SPD pouvait désormais compter sur des 'leaders' tels que Friedrich Ebert qui étaient déterminés de poursuivre leurs objectifs socialistes par la voie parlementaire.

Néanmoins, le *Reichstag* entérinait en 1913 le projet de la loi décidant de l'augmentation des effectifs de l'armée de terre (cf. supra) contre les voix du SPD.

Ceci peut sembler contradictoire en considérant que des politiciens de droite comme de gauche proclamaient à de nombreuses reprises un « *Primat der Innenpolitik* » (priorité donnée à la politique intérieure). Il faut alors rappeler 'l'impérialisme colonial' dont la durée n'était guère prévisible au tournant du siècle, et dont la signification politique et économique faisait partie de la politique intérieure du contexte national en voie de consolidation.

La gauche allemande de l'époque devait attendre son heure, tant qu'une fierté nationaliste prévalait sur des considérations jadis bismarckiennes.

*** La France face à l'Allemagne**

Il convient d'abord de tenir compte du fait que la problématique du « Primat » susmentionnée pouvait être moins présente en France[59]. L'interprétation de Krumreich parait à cet égard convaincante, dans la mesure où l'empreinte de l'Histoire ne saurait reculer devant l'actualité.

C'est ainsi qu'on constate en France un enchevêtrement en quelque sorte naturel entre la politique intérieure et extérieure, attribuable au fait d'une continuité historique dont était dépourvue l'Allemagne. Ainsi, les efforts entrepris de part et d'autre en France, de justifier des orientations divergentes, visaient la nation dans son ensemble

L'argument en quelque sorte « classique » pour justifier la politique d'armement de la France avant 1914, est celui d'une armée allemande désormais (en 1913) de 800 000 hommes face à 500 000 Français. La formule consacrée de la peur d'une « attaque brusquée » avait trouvé son chemin dans le débat public. En conséquence, les responsables politiques du Cabinet de Raymond Poincaré, voyaient leur liberté d'action singulièrement restreinte devant les exigences de l'opinion publique, d'assurer la sécurité de la France et des Français.

Le haut commandement militaire du Maréchal Joffre bénéficiait de cette configuration d'une façon qui peut paraître cynique : si l'affaire Dreyfus avait discrédité le corps militaire, il voyait ici l'occasion de regagner l'estime de la nation et des citoyens. Ainsi, le nouveau plan de guerre développé par Joffre depuis 1911 devait

[59] Gerd Krumreich, 1982

conforter le moral du peuple. L'empreinte fut durable, puisqu'encore aujourd'hui on cherchera en vain une grande ville française qui n'aurait pas sa 'Place du Maréchal Joffre'.

Ainsi, la loi du service militaire général de trois ans fut votée en juillet 1913, y compris par une majorité des républicains de gauche, qui étaient certains, comme d'ailleurs de nombreux députés de droite, qu'il s'agissait d'une loi d'exception qui ne resterait en vigueur qu'aussi longtemps que durerait la menace allemande.

Cette conviction semblait d'autant plus justifiée qu'une durée non limitée dans le temps aurait mis à mal l'économie du pays : il ne faut pas oublier que la France d'avant la Grande Guerre était toujours un pays essentiellement agricole, où la paysannerie avait besoin de bras pour produire et récolter ce qu'il fallait pour nourrir la nation.

Avant de nous pencher sur la politique des alliances et le voyage de Poincaré – qui ne voulait pas la guerre – en Russie en juillet 1914, il faut souligner que la France était ainsi à la traîne des autres pays au plan industriel. En effet, l'industrie automobile française, pour ne citer qu'elle, avait connu de nombreuses inventions et innovations, mais il manquait la production de masse. En France, déjà à l'époque, on avait des idées, mais on arrivait difficilement à les vendre.

En Allemagne, la situation était fort différente : les ouvriers allemands, fiers de leur rôle primordial ainsi que de leurs acquis sociaux, avaient retroussé les manches, même si les auteurs de l'époque faisaient mention de la qualité médiocre de leurs fabrications. En effet, sur le plan des échanges internationaux, le label « made in Germany » était pendant un temps un avertissement qui devait détourner des clients potentiels, avant de devenir par la suite une étiquette de qualité.

Or, en dépit des progrès de la gauche, la France d'avant la Grande Guerre est un pays de rentiers soucieux de leur patrimoine essentiellement foncier, craintifs devant des bouleversements des structures sociales restées fortement figées. Par ailleurs, les emprunts d'État, y compris les emprunts des chemins de fer russes devenus proverbiaux, devaient bénéficier des préparatifs à une guerre probable sinon souhaitée par les milieux des possédants.

L'héritage commun n'aura pas suffi à créer un voisinage constructif, de sorte que des deux côtés d'autres liens étaient censés maintenir un équilibre estimé fragile.

*** La politique des Alliances**

Est-ce que la Grande Guerre aurait eu lieu si l'Empereur Guillaume II n'avait pas « remercié » Bismarck en 1890? La question mérite d'être posée.

On peut en effet entrevoir comme première pierre d'achoppement, la non-prolongation du Traité de Réassurance entre l'Allemagne et la Russie, conclu en 1887 et venant à échéance en 1890. La même année, la politique coloniale entre l'Allemagne et le Royaume-Uni impliquait certains échanges non conflictuels, mais dont des mouvements antisémites allemands affirmaient qu'ils auraient nui à l'Allemagne, en dépit de l'attribution de l'Île de Helgoland au Reich.

Le Chancelier Caprivi devait donc affronter une extrême-droite devenue assez virulente, antisémite et en quête de « *Lebensraum* » (espace vital) dont il est difficile aujourd'hui d'apprécier l'impact sur l'opinion publique en général.

Toujours est-il qu'en 1891 fut prolongée la Triple Alliance (Dreibund) défensive, entre le Royaume d'Italie, l'Empire austro-hongrois et l'Empire allemand, suivie en 1892 par la conclusion de la Convention militaire entre la Russie et la France.

Dans la mesure où les agissements allemands sur les mers furent ressentis par le Royaume-Uni comme une menace, et sans détailler les déroulements chronologiques, la situation aboutissait à une triple Entente défensive entre la France, le Royaume-Uni et la Russie.

Ainsi, l'Allemagne était prise dans un étau dont elle espérait se libérer grâce à une course aux armements qui devait démontrer sa suprématie.

L'échec du Chancelier Caprivi témoigne alors clairement du fait qu'un pouvoir politique qui abandonne la sphère de la diplomatie pour céder à la pression militaire, finit par perdre le contrôle. De l'avis quasiment unanime des historiens, personne ne voulait la guerre, mais plus personne n'était en mesure de freiner l'ardeur des forces combattantes.

Avant de nous tourner vers les étapes essentielles de la Grande Guerre, une dernière pensée mérite d'évoquer la politique bismarckienne. Il a été dit que sa politique sociale, avant-gardiste pour l'époque, avait en réalité pour objectif de calmer, sinon d'étouffer la hargne des marxistes et trotskistes. Certes, la Russie était un Empire comme l'Allemagne (avant la tourmente de la Révolution de 1905), mais ce point commun avait été très insuffisant pour justifier le Traité de Réassurance.

Il nous semble de le vrai talent d'un homme d'État réside dans le fait de savoir créer, et maintenir, un équilibre sous contrôle ; la langue anglaise parle alors d'un système de « checks and balances ». Ce clin d'œil au-delà du cercle franco-allemand veut aussi reconnaître un pragmatisme britannique bien connu, et qui depuis fort longtemps sait faire fi à l'occasion d'aspects de moralité lorsque les intérêts supérieurs du pays le commandent.

Section 2 – De la Grande Guerre au Fascisme

L'assassinat de l'Archiduc Franz Ferdinand et de son épouse le 28 juin 1914 a certes déclenché la Grande Guerre, mais on a pu qualifier cet événement de prétexte. Il est en effet fort possible que les grandes puissances auraient cherché une autre configuration pour tenter d'imposer leurs exigences respectives, peut-être moins meurtrière que celle que le monde a connue.

* L'embrasement

S'il peut paraître aujourd'hui facile de conclure à une supériorité au départ de la Triple Entente par rapport à la Triplice, ll nous semble surtout nécessaire de souligner une sorte d'insouciance politique de la part de l'Empereur du Reich, dont l'opinion prévalait désormais sur l'exécutif, à la grande différence de l'époque bismarckienne.

Les événements se déroulèrent différemment en Russie : lorsque le 28 juillet 1914 l'Autriche-Hongrie avait déclaré la guerre à la Serbie, la Russie procédait aussitôt à une mobilisation partielle. Celle-ci fut momentanément stoppée grâce à l'intervention de Guillaume II auprès du Tsar Nicolas II. Cependant, le ministre des Affaires étrangères russe réussit à faire changer le Tsar d'avis, et il s'en suivit la mobilisation générale dès le lendemain. L'Empereur allemand, trompé dans sa naïveté, fit déclarer la guerre à la Russie le 1er août.

La stratégie allemande devint alors véritablement absurde, du fait de la demande adressée le 2 août à la Belgique de laisser passer les troupes allemandes. Ce refus n'empêchait pas l'Allemagne de déclarer la guerre à la France le 3 août. Pour finir, devant la violation de la neutralité belge, le Royaume-Uni entra en guerre aux côtés de la France et de la Russie.

Comment aurait-il pu en être autrement? La diplomatie allemande reposant sur l'intelligence plutôt modeste de l'Empereur, avait cruellement sous-estimé la réactivité de la Triple Entente.

En Allemagne, les forces de droite et aussi d'extrême-droite avaient réussi à stimuler un sentiment nationaliste qui n'avait au départ pas de raison d'être, puisque l'Allemagne ne visait pas de conquêtes territoriales après l'annexion de l'Alsace-Lorraine. Toujours est-il que le 4 août même les socialistes membres du Reichstag votaient les crédits de guerre ; les conflits intérieurs, politiques et économiques, furent étouffés par le « Burgfrieden », un terme d'origine médiévale (*burcvride)* qui avait fait dire à l'Empereur Guillaume II : « Je ne connais plus de partis, je ne connais plus que des Allemands ».

On attribuerait volontiers une telle attitude aux dirigeants d'un pays *agressé*, mais difficilement à un pays *agresseur*. Les historiens sont désormais de l'avis unanime qu'aucune des grandes puissances européennes n'avait voulu cette guerre ; elles s'étaient prises en elle[60] sans avoir la force de faire marche arrière, une fois l'engrenage lancé.

Or, il ne saurait être notre propos dans le contexte de notre étude, de retracer le déroulement de la guerre dont on avait pensé qu'elle serait brève et qui devait durer jusqu'en 1918, l'arrêt du conflit avec la Russie et l'entrée en guerre des États-Unis datant de 1917. Le Président Woodrow Wilson avait effectivement déclaré la guerre au Reich allemand après les torpillages de cargos américains, en défendant les principes de la démocratie des États-Unis, autant que ceux des autres pays agressés.

*** Les États acteurs de l'économie de guerre**

¤ La gestion des économies nationales

Nous aurons l'occasion d'insister sur les différences structurelles, politiques et culturelles entre la France et l'Allemagne ; néanmoins, il convient d'abord de mettre en relief un aspect global dont les conséquences ne se limitent pas à nos deux pays, mais qui est commun à tous les belligérants de la Grande Guerre : le libéralisme économique.

Préalablement, la deuxième révolution industrielle avait créé un climat d'optimisme, d'enthousiasme même devant la multiplicité des inventions et nouveautés, de sorte que le

[60] Günter Naumann, 2018; trad. par l'auteure, du verbe allemand « hineinschlittern ».

rôle de l'État était celui d'un accompagnateur de la vie économique, ses tâches étant presque exclusivement régaliennes.

En temps de guerre, le scénario se trouve fondamentalement changé. Les États dirigent désormais l'économie sans que ses fonctionnaires devenus gestionnaires aient pu acquérir une formation d'adaptation. Désormais, le secteur de l'armement est privilégié, et il faut reconnaître que l'Allemagne a démontré à cet égard plus de souplesse que la France.

En effet, on peut estimer que les liens plus directs entre l'industrie et l'administration, déjà plus anciens, étaient dus au fait qu'en Allemagne l'industrie avait acquis rapidement une position dominante, alors qu'en France l'agriculture restait au premier plan.

Ainsi, un exemple important est la création dès 1914 par Walter Rathenau[61] d'une Section spéciale de Gestion des Matières Premières au ministère de la guerre. Des initiatives suivent rapidement dans d'autres secteurs, alors qu'en France le rôle économique de l'État en temps de guerre est certes reconnu, mais considéré comme exceptionnel bien qu'inévitable.

Or, si la pénurie de matières premières se faisait sentir en France comme en Allemagne, on constate que la France avait toujours accès à la plupart de ses fournisseurs étrangers traditionnels, alors que l'Allemagne, de par le jeu des alliances, s'était coupée de la majorité de ses marchés d'importation, la conséquence étant une économie désormais planifiée de façon extrêmement dure.

[61] Dirigeant du groupe AEG (installations électriques)

L'approvisionnement de base des populations était assuré par le moyen de cartes de rationnement, de sorte qu'un marché noir de biens de consommation évoluait rapidement. La majorité de la population avait néanmoins gardé l'enthousiasme du départ en guerre et supportait vaillamment en 1916/17 le « *Kohlrüberwinter* » (hiver du rutabaga).

Par ailleurs, à partir de 1916 les incorporations pour le front au sein de la paysannerie avaient privé les deux pays de bras pour assurer des récoltes bien que réduites, la population civile à l'arrière devant accepter la priorité de l'approvisionnement des armées.

¤ Le financement de la guerre

Ici encore, notre propos n'est pas le récit des lourdes charges que Français et Allemands ont supportées pendant la Grande Guerre, mais l'évocation des mesures prises de part et d'autre, pour nous permettre d'ouvrir les archives de la mémoire.

Concernant la période de 1914 à 1918, une comparaison directe est d'autant plus problématique que les populations sont très différentes : en 1914, la France amputée de l'Alsace-Lorraine, ne compte que 39,6 millions d'habitants, alors que la population allemande est de 68 millions.

Or, avant de pouvoir analyser les pourcentages des financements respectifs, il faut tenir compte du fait que la France a contracté des dettes extérieures qui nécessitent des règlements en devises étrangères. La couverture consistait en des transferts d'or et en des rachats de titres étrangers détenus par des Français. Il n'existe pas de poste comparable dans les statistiques allemandes de l'époque, ce qui est sans doute principalement imputable à l'isolement du pays.

Toujours est-il que la France et l'Allemagne ont financé la Grande Guerre en ayant recours à trois moyens : L'impôt, l'endettement et la création monétaire.

En France, un impôt exceptionnel fut créé au sujet des bénéfices de guerre, ainsi qu'une taxe spéciale, et on procéda également à une augmentation des impôts indirects et des droits de timbre et d'enregistrement.

La fiscalité allemande pendant la guerre était assez similaire, concernant l'imposition des bénéfices réalisés dans le cadre de l'armement, ainsi que des recettes découlant de l'importation de certains biens de consommation, des taxes d'exportation et des taxes postales.

Les deux pays ont eu recours de façon importante à l'emprunt. En espérant une guerre brève, la France avait d'abord procédé à l'émission d'emprunts à court et moyen terme, complétée bientôt par l'endettement à long terme. Les démarches ayant été assez semblables, les chiffres ont été regroupés pour les deux pays.

En France, le troisième pilier, la création monétaire, s'est concrétisé par des avances directes de la Banque de France aux institutions émettrices de crédits, qui bénéficiaient ainsi d'opérations de refinancement. En fonction d'une certaine baisse du niveau des emprunts consentis, l'Allemagne utilisait à partir de 1916 surtout les Bons du Trésor émis par la Banque Centrale, la

Reichsbank, ce qui signifiait un gonflement de l'agrégat M2[62] de la masse monétaire.

Pourcentages des ressources de financement

	Impôt	Emprunt	Création monétaire	Dettes extérieures
France	15	57	11	17
Allemagne	6	59	35	-

L'analyse est la suivante :

La part des emprunts dans le financement de la guerre est quasiment la même, alors que l'impôt pèse nettement plus lourd en France qu'en Allemagne, où les recettes fiscales paraissent presque dérisoires pour couvrir les dépenses de la guerre. D'où une création monétaire plus de trois fois celle de la France, et une première explication de l'hyperinflation à venir (cf. infra).

L'explication de cette situation est la suivante : en dépit de la création d'un État central et donc d'une nation en 1971, les « États fédérés » avaient gardé une autonomie considérable en matière financière, de sorte qu'une politique intérieure nationale avait du mal à prévaloir en matière financière, même en temps de guerre.

[62] Définition de M2 : Pièces et billets en circulation, dépôts en compte chèques, comptes sur livrets des résidents.

En France, les efforts de propagande devenaient de plus en plus importants au cours de la guerre. Étant donné les difficultés d'approvisionnement et la dureté de la vie pour les classes populaires, le gouvernement comptait sur la disponibilité non seulement matérielle mais aussi morale de la classe des « rentiers » supposée représenter dix pour cent de la population, pour soutenir l'esprit combattif des troupes.

*** L'Allemagne à la fin de la Grande Guerre**

Avant d'esquisser la problématique engendrée par le Traité de Versailles, il faut évoquer un bouleversement sociétal majeur en Allemagne, à savoir la transformation de la nature même du Reich.

Le 8 août 1918, « La Journée noire de l'armée allemande », le front de l'Ouest s'effondrait définitivement, et le Maréchal Ludendorff admettait devant l'Empereur que la guerre était perdue, et insistait auprès du gouvernement de faire une offre d'armistice. Or, le Président américain Wilson faisait savoir que seuls des gouvernements légitimés par leurs peuples[63] pouvaient décider de la paix. En conséquence, Ludendorff demandait au Reichstag, d'introduire dans le Reich la gouvernance parlementaire, et d'abolir en Prusse le droit de vote en trois classes.

En effet, ce mode de votation suranné avait persisté en Prusse, du fait que l'Empereur d'Allemagne était en même temps le Roi de Prusse.

Ainsi, le Reich devint une démocratie parlementaire même avant l'abdication de Guillaume II, le dernier

[63] Günter Naumann, 2018, pp. 77/78

Empereur d'Allemagne. La « Constitution d'Octobre » disait que le Chancelier du Reich devait avoir la confiance du Parlement pour que les décisions du gouvernement deviennent applicables. Qui plus est, l'initiative des décisions politiques ne relevait plus de l'Empereur, mais du Gouvernement. Néanmoins, les effets de cette Constitution allaient être dépassés par la Révolution de Novembre (cf. infra) et la signature de l'Armistice le 11 novembre1918.

Retenons dans ce contexte un autre fait important : les femmes allemandes avaient désormais le droit de vote, alors que les françaises devaient attendre jusqu'en 1944 ! Nous aurons l'occasion d'évoquer ultérieurement la signification de cette avancée.

Les conditions de l'Armistice entérinées par le Traité de Versailles à entrer en vigueur le 20 janvier 1920, essentiellement à l'initiative des États-Unis (Président Wilson), du Royaume-Uni (Premier ministre Lloyd George) et de la France (ministre Président Clémenceau) imposaient à l'Allemagne d'importantes cessions territoriales, des restrictions en matière d'armement et surtout de très lourdes réparations de guerre.

Les documents historiques informent sur l'ensemble des détails qui y figuraient. Dans le cadre de notre sujet, il s'agit de retracer les conséquences de ces décisions et de comprendre les sensibilités ainsi créées sur le plan des mémoires collectives.

*** Les déséquilibres des années 1920**

Ces déséquilibres *sont imbriqués à tel point entre la France victorieuse et l'Allemagne vaincue, que seul un traitement conjoint peut espérer de désenchevêtrer les causes et les effets, à court comme à moyen terme.*

¤ Les étapes

Dans son article 231, le Traité de Versailles avait entériné le fait des réparations dues par l'Allemagne en vertu des dommages causés aux alliés. Plus de la moitié des sommes dues devaient revenir à la France. En 1921, le total de la somme avait été fixé à 132 milliards de marks-or.

En 1923, le gouvernement allemand se déclarait incapable de respecter le calendrier convenu. La réaction française était l'occupation de la Ruhr, le centre industriel de l'Allemagne. Si en 1925 cette occupation fut levée sous la pression des États-Unis, l'Allemagne avait vécu entretemps des bouleversements financiers restés uniques dans l'histoire des temps modernes.

En effet, l'inflation avait débuté en Allemagne dès 1914, à cause de la nécessité de financer les dépenses de guerre. Par la suite, les programmes de redémarrage de l'économie nécessitaient des montants qui ne pouvaient être trouvés que moyennant le recours à la planche à billets.

Qui plus est, la France et le Royaume-Uni bloquaient l'entrée de marchandises allemandes, alors que les États-Unis exigeaient des taxes d'importation très élevées. C'est ainsi que l'Allemagne devenait victime d'une hyperinflation, un dollar US s'échangeant contre 4,2 billions de Mark le 15 novembre 1923.

La stabilisation de la monnaie fut subite et en rien comparable à la politique française (cf. infra). La création de la « Deutsche Rentenbank » indépendante fin 1923 était immédiatement suivie d'une hypothèque imposée, bien que fictive, à l'ensemble des propriétés commerciales, ce qui devait engendrer un sentiment de sécurité symbolisé par le patrimoine de la nation.

Les premières émissions de Rentenmarks furent partagées entre le Reich en tant qu'institution et les banques d'affaires. Celles-ci pouvaient ainsi échanger 1 billion de l'ancienne monnaie contre 1 Rentenmark. En août 1924, le Rentenmark devenait le Reichsmark, la monnaie en circulation étant désormais globalement couverte par l'offre de marchandises.

L'année 1926 voyait l'intégration de l'Allemagne dans la Société des Nations, contrairement aux États-Unis. Dans le contexte financier, les plans Dawes et Young allaient réduire la somme des réparations dues par l'Allemagne, initialement fixées à 132 milliards de Reichsmark, à 25 milliards. Ultérieurement, la Conférence de Lausanne de 1932 décida d'une somme de 3 milliards sous la forme d'obligations dont on sait qu'elles ne furent jamais remboursées.

Or, si le redressement de l'économie allemande pouvait débuter dès 1924, il en fut autrement en France, l'idée prévalant trop longtemps que « l'Allemagne paierait » et qu'ainsi les problèmes seraient réglés.

À la lumière de l'évolution de l'économie allemande, la spéculation se déchainait contre le Franc. Il s'y ajoutait la méfiance à l'encontre du Cartel des Gauches, au pouvoir à partir de 1924. En juillet 1926, Raymond Poincaré fut chargé de former un gouvernement d'union nationale, preuve d'un désarroi grandissant.

On sait que Poincaré a hésité longtemps[64], puisqu'une stabilisation à un niveau « modeste » devait nuire aux détenteurs de Bons de la Défense nationale, la majorité des banquiers réclamant une revalorisation du Franc dans l'intérêt du prestige de la monnaie nationale. La Banque de France conjointement avec la CGT qui craignait le chômage, parvenait finalement à obtenir une stabilisation jugée raisonnable, dans la mesure où elle favorisait les exportations sans trop léser les rentiers.

Cette initiative était devenue d'autant plus urgente qu'en 1926 l'inflation en France s'était située à 31,6%, alors que le chômage atteignait 11% en 1927.

Entretemps, les États-Unis saisis d'abord par un climat d'euphorie consécutif à la fin de la guerre, voyaient leur conjoncture s'effondrer, victime d'un l'optimisme excessif et de l'ignorance de la profondeur des bouleversements structurels en Europe, de sorte que le 25 octobre 1929 le « Black Friday » mettait fin à l'envolée boursière.

À cause de la dépendance des économies européennes du capital américain, la spirale descendante impliquait tous les pays frappés par la Grande Guerre ; si au point le plus bas, en 1932, le chômage était de 15% en France, il se situait à 44% en Allemagne, accompagné en Europe comme Outre-Atlantique d'une déflation gravissime témoignant du profond déséquilibre entre les données réelles et financières.

---

[64] Tristan Gaston-Breton, 2019

Par la suite, le Président Franklin D. Roosevelt réussissait le « New Deal » à partir de 1933, alors qu'en France le dernier Président de la IIIe République, Albert Lebrun, restait à la tête de l'État jusqu'en 1940 et à la nomination de Pétain.

En Allemagne, l'effondrement de la République de Weimar[65] en 1933 peut être attribué essentiellement aux graves difficultés économiques causées par les exigences de réparations impossibles à respecter et qui faisaient le jeu des partis extrémistes, à droite du NSDAP et à gauche du KPD. Le Président Paul von Hindenburg, très âgé, mais assumant un deuxième mandat à la suite des élections législatives de 1932, devait nommer malgré ses réticences Adolf Hitler comme Chancelier, du fait qu'il était à la tête du parti majoritaire lors des élections législative de 1933n, à savoir le NSDAP (Natonal-sozialistische Deutsche Arbeiterpartei – Parti national-socialiste des ouvriers allemands).

On peut ainsi retenir cette année 1933 comme le début de « l'agonie de la paix »[66].

¤ La dissymétrie mémorielle[67] de la Grande Guerre

Au-delà des étapes de la Grande Guerre sur lesquelles nous renseignent les statistiques, avec 2 millions de morts pour l'Allemagne et 1,4 million pour la Franc, le conflit a laissé dans les mémoires des traces peut-être plus difficiles à assumer que les déséquilibres entérinés par les différents Accords.

---

[65] Fondée dans la capitale saxonne plutôt qu'à Berlin pour cause de troubles sociaux dans la capitale du Reich.

[66] Stefan Zweig, 1941, cit. p. 441 (trad. par l'auteure)

[67] Nicolas Beaupré, 2014

Certes, les populations avaient été aveuglées par l'illusion d'une victoire consécutive à une guerre rapide, mais dès 1914 des cercles d'intellectuels pacifistes s'étaient efforcés de démontrer l'aberration morale inhérente à cette guerre.

Ainsi, en avant-propos à une tentative de différenciation des mémoires, quelques rappels peuvent faire revivre cette époque.

On doit citer l'exemple des deux amis Romain Rolland[68] et Stefan Zweig qui au-delà de la frontière n'ont pas relâché leurs efforts pour mettre en avant les douleurs des tranchées et les pertes immatérielles et culturelles qu'allaient subir tous les participants au conflit.

À l'issue de la Grande Guerre, il semblait plus facile d'œuvrer pour une réconciliation, mais les images diabolisantes étaient toujours très présentes.

En France, de nombreuses familles gardaient précieusement la carte postale sur laquelle l'Empereur Guillaume II apparaissait sous la forme d'un cochon. À ce sujet, une explication semble s'imposer:

Au tout début de la guerre, Guillaume II s'était rendu à Bremerhaven pour assister au départ d'un contingent de la troupe, et à cette occasion il ordonnait aux soldats « de ne pas faire de quartier », de laisser l'ennemi mort et de se comporter comme jadis les Huns d'Attila. Il n'est alors pas étonnant qu'un des surnoms donnés aux Allemands fût celui de « Huns ».

---

[68] Romain Rolland, 1914

Plus dur que le terme « Boche » parait celui de « barbare » puisque selon Michael Jeismann[69], ce mot a acquis une connotation raciale, montrant du doigt les membres d'une race inférieure, à l'image du juif en tant que Sémite.

Venant d'Allemagne, l'insulte paraissait moins ciblée, puisque le pays se sentait entouré d'ennemis divers où le français était le « Welch », l'ennemi principal mais aussi héréditaire.

Néanmoins, dès 1923 Paul Langevin, scientifique et pacifiste de toujours, fut invité à Berlin pour participer à la manifestation « Nie wieder Krieg » (plus jamais de guerre). Également en 1923, Marc Sangnier, fervent catholique, prit l'initiative de nombreuses rencontres franco-allemandes, alors que les troupes françaises venaient d'occuper la Ruhr.

La situation était devenue plus détendue en 1926 en apparence, lorsque Gustav Stresemann et Aristide Briand recevaient conjointement le prix Nobel de la paix. Des rapprochements avaient lieu également de la part des milieux industriels. Néanmoins, à l'approche des années trente, ces initiatives furent progressivement occultées par la crise mondiale.

On peut se demander si les déséquilibres multiples des années 1920 auraient été plus faciles à combattre si le monde diplomatique avait tendu l'oreille à l'économiste John Maynard Keynes. Membre de la délégation britannique lors des négociations qui ont conduit au Traité de Versailles, il avait déclaré sans se soucier de la réaction

---

[69] Michael Jeismann, 1998

violente des membres de la Commission, que les conditions imposées à l'Allemagne étaient « unfair»[70].

J.M. Keynes a vécu jusqu'en 1946 ; il a donc dû constater que l'Histoire lui avait donné raison, le Traité de Versailles ayant conduit à une paix sans pacification.

Faisons appel à la mémoire, ou plutôt aux mémoires, individuelles ainsi que collectives.

Ainsi, quels ont pu être les sentiments du citoyen allemand après la Grande Guerre? Elle avait été la conséquence d'une Allemagne se voulant dominante et en droit d'exiger un statut supérieur à celui de la victoire de 1871. La défaite de 1918 signifiait une profonde amertume et une douleur inassouvie dans les foyers comme sur le plan de la nation.

La mémoire collective retient Outre-Rhin la perte d'une partie précieuse du territoire, jadis mal acquise, mais désormais abandonnée comme conséquence de l'incurie d'un pouvoir politique à la fois présomptueux et attaché à une époque dépassée par l'Histoire.

La France de la Troisième République gardait certes en mémoire l'aide militaire américaine qui avait rendu la victoire possible, tout en insistant sur une paix jugée juste qui devait permettre au pays de se relever après l'humiliation de jadis.

Aujourd'hui, on est en droit d'estimer que de part et d'autre, au plan individuel comme collectif, cette

---

[70] La traduction officielle en français par « injuste » peut paraître quelque peu brutale, mais l'auteure admet de ne pas avoir de meilleure.

dissymétrie est certes reconnue, mais qu'elle ne s'oppose plus au XXIe siècle à des visions partagées de l'avenir dans l'Europe.

Section 3 – La folie abyssale

L'espoir de l'aube né avec la troisième décennie du XXe siècle est devenu le crépuscule mortifère porté par la démence d'un seul homme.

* L'Avant-Guerre

Hitler devenu Chancelier du Reich, avait imposé à la suite des élections législatives, l « Ermächtigungsgesetz » (Loi accordant les pleins pouvoirs), ce qui signifiait l'évitement de tout contrôle parlementaire. La même année voyait l'instauration de la « Gesetz zur Gleichschaltung » (Loi d'alignement), en réalité une loi de mise au pas de quasiment toutes les entités publiques et privées : Les Länder, les associations, les syndicats, les administrations des villes et des communes et l'ensemble des institutions culturelles.

La violence de cet « alignement » se manifeste lorsque des membres du NSDAP mettent à feu des livres d'auteurs juifs à Berlin et dans d'autres villes. Selon certaines sources, des exemplaires de la Bible furent également brulés, alors que les Églises pouvaient poursuivre leurs activités, pourvu que les pasteurs et les curés ne cherchent pas à discréditer le régime.

En août 1934 et un jour après le décès de Hindenburg, Hitler se déclara « Führer et Chancelier du Reich ».

Depuis 1933, l'économie mondiale était sur le chemin de la normalisation, ce qui facilitait la politique économique allemande, fortement soutenue par les tenants de l'industrie lourde.

La création des camps de concentration en 1934 avait pendant un temps fait l'objet d'une rumeur, à l'étranger comme en Allemagne, alors que les rares informations officielles faisaient référence à des camps de travail destinés à des personnes « nuisibles au bon fonctionnement du pays ».

Or, dans le contexte général inquiétant de la politique allemande, la France, le Royaume-Uni et l'Italie tentaient d'obtenir une négociation des questions d'armement et un retour de l'Allemagne dans la Société des Nations. La réaction négative d'Hitler mérite un commentaire quelque peu détaillé.

L'année 1935 peut être considérée comme ayant été décisive dans le contexte européen, dans la mesure où l'Allemagne venait d'introduire le service militaire obligatoire assorti d'un « service de travail » de six mois. Si aujourd'hui encore des voix réactionnaires louent la baisse spectaculaire du chômage, les chiffres s'inscrivent en faux contre cette évolution factice :

Pour ce qui est de la politique d'armement, plus d'un million d'hommes étaient appelés sous les drapeaux, et plusieurs centaines de milliers étaient placés sur des postes administratifs pour assurer « l'alignement ». Certes, la construction des autoroutes a joué un rôle, mais il n'était guère primordial.

Un aspect particulièrement perfide de cette politique était la volonté, exprimée en des termes assez transparents, de « ramener progressivement la force de travail féminine

à des tâches au foyer ». L'opposition des associations défendant les droits des femmes, désormais interdites, invoquait avec cynisme le dicton du
« Heimchen am Herde », à traduire au premier degré par « le grillon du foyer », mais signifiant depuis les romans de Charles Dickens[71] la condamnation de la femme à des travaux d'entretien de la maison, éloignée de toute activité intellectuelle.

Comment ne pas penser à ce qui se passe depuis 2021 en Afghanistan?

Toujours est-il qu'en avril 1935 et en voulant préserver la paix en Europe, la France, le Royaume-Uni et l'Italie réunis à Stresa, tentèrent de conforter le Traité de Versailles et d'affirmer l'indépendance de l'Autriche. En face des trois grandes puissances européennes, Hitler insistait sur le besoin de plus de « *Lebensraum* » (espace vital) pour l'Allemagne. Ce terme évoque sans ambiguïté le contexte de 1870.

Or, pour financer la politique économique, l'Allemagne avait recours à l'endettement, de sorte que les banques, caisses d'épargne et assurances étaient obligées de placer leurs dépôts en des titres de dette du Reich. C'est ainsi que les fonds d'épargne de la population furent utilisés subrepticement pour le financement de l'armement[72].

Au plan international, le rôle de l'Italie est particulièrement ambigu : de 1936 datent en effet les Accords avec l'Allemagne, appelés « l'Axe Berlin –

[71] Charles Dickens, The cricket on the hearth, conte,1845
[72] Günter Naumann, 2018, p. 134

Rome », ce qui signifiait la rupture de la coalition avec la France et le Royaume-Uni.

L'occupation de l'Autriche par les troupes allemandes, appelée cyniquement « la réunification de l'Autriche avec le Reich allemand » (« l'Anschluss ») en mars 1938, était une violation de l'indépendance de l'État autrichien, sans une réaction adéquate au plan international.

L'état d'esprit de la population allemande et surtout des jeunes se reflète dans les dernières paroles d'une chanson: *«… denn heute gehört uns Deutschland und morgen die ganze Wel »*[73]. Adolf Hitler, un personnage sans éducation ni culture, avait réussi, à la suite de quelques tentatives avortées en 1923, à convaincre le peuple que seuls comptaient l'amour de la patrie et le rejet de l'« infâme » Traité de Versailles.

Par ailleurs, le racisme avéré du Reich hitlérien confortait de nombreux commerçants qui voyaient leurs concurrents juifs exclus de leurs domaines d'activité, avant l'expulsion ou même leur enfermement dans des camps de concentration. « La nuit de cristal » du 10 octobre 1938 avec la destruction de très nombreux magasins juifs n'avait pas déclenché un véritable écho international, en dépit d'une dernière tentative de sauver la paix immédiatement précédente.

En effet, la Conférence de Munich du 29 septembre de cette même année devait régler le conflit germano-tchèque ; quant à l'ambiance, les bandes cinématographiques de l'époque montrent Hitler et Mussolini saluant la foule au passage des voitures, alors

[73] « ..Aujourd'hui, l'Allemagne nous appartient, et demain le monde entier ».

que Daladier et Chamberlain, les représentants des gouvernements français et britannique, arborent des sourires contraints.

Néanmoins, la paix semblait avoir été préservée, puisque Hitler déclara ne pas avoir d'autres objectifs de conquête territoriaux. Les talents de négociateur de Chamberlain furent salués partout en Europe ; pendant près d'une année, la menace des armes semblait avoir été tenue en échec.

* Le Monde en flammes

Reprenons les jalons essentiels de la Deuxième Guerre mondiale jusque vers la fin de l'année 1941, avant de revenir sur le contexte plus spécifiquement franco-allemand.

Le 1er septembre 1939, la Wehrmacht envahit la Pologne ; le 3 septembre, le Royaume-Uni et la France déclarent la guerre à l'Allemagne pour cause de violation de la souveraineté polonaise sur son territoire.

Le même mois est signé l'Accord germano-soviétique de collaboration pacifique, portant sur la fixation des frontières et entérinant en fait le partage de la Pologne entre le Reich et l'URSS. En février 1940 suit un Accord commercial entre les deux pays, l'Union soviétique devant exporter vers l'Allemagne des céréales, du fer et autres métaux ainsi que du pétrole, alors que l'URSS allait recevoir d'Allemagne des biens industriels et d'armement.

L'offre de paix d'Hitler faite au Royaume-Uni en octobre 1939 fut rejetée, avant que l'Allemagne n'occupe le Danemark et la Norvège en avril 1940. Mussolini, qui demandait sa part du gain, avait imprudemment déclaré la guerre à la France et au Royaume-Uni en juin 1939, et attaqué sans succès les forteresses françaises dans les Alpes, qui devaient être conquises par l'armée allemande. Mussolini parvint tout de même à la conclusion d'un armistice avec la France à la fin du mois de juin 1939.

Dans l'intérêt de la cohérence (cf. supra), faisons mention d'un événement que nous pouvons considérer comme le plus aberrant de la guerre, du point de vue militaire, à savoir l'invasion de l'URSS par la Wehrmacht le 21 juin 1941. Il a été dit que « l'Opération Barbarossa » était née de la frustration de ne pas pouvoir occuper le Royaume-Uni.

Nous ne considérons pas cette interprétation comme étant vraisemblable, puisque la folie hitlérienne était d'abord de nature idéologique : Hitler réclamait plus d'espace vital (Lebensraum, cf. supra) pour les Aryens qui devaient asservir les peuples slaves.

On sait que l'Opération Barbarossa fut stoppée devant Moscou par l'hiver russe ; les historiens considèrent aujourd'hui que la fin du Reich avait débuté au cours de l'hiver 1941/42.

L'attaque de la base américaine aéronavale de Pearl Harbour le 7 décembre 1941 par le Japon, allié d'Allemagne, déclenchait l'entrée des Etats-Unis dans la guerre.

* Le naufrage de la Troisième République

Devant les événements graves sur le front russe et au Japon, le régime hitlérien soulignait avec une satisfaction d'autant plus grande l'évolution en France, depuis l'invasion du 10 mai 1940.

En effet, si les préparatifs dans la perspective de la guerre avaient été conséquents chez l'allié britannique, la déclaration effective des hostilités avait été considérée en France comme un événement de plus en plus probable, mais occulté jusqu'au dernier moment. Il en allait de même concernant l'hypothèse de l'occupation,
refoulée parce que psychologiquement inacceptable.

Le remplacement de Daladier par Reynaud le 22 mars 1940 peut être considéré comme un geste quasiment symbolique, et la confiance en l'inviolabilité de la Ligne Maginot ne s'en trouvait guère atteinte ; son contournement par les troupes allemandes n'avait pas fait partie des options de la stratégie française.

Ainsi, lors de l'invasion le 10 mai 1940, le Président Albert Lebrun et son gouvernement, désemparés par l'avance très rapide des troupes allemandes, ne voyaient pas d'autre solution que de se réfugier à Tours, alors que Paris fut occupée sans combat.

La peur et l'affolement des Français devant l'impuissance des représentants de la Troisième République, qui les avaient jetés sur les routes, ne pouvaient que stimuler l'enthousiasme en Allemagne, la Grande Nation prenant la fuite devant les vaillants soldats du Reich.

Jusqu'au 22 juin 1940, le Général Charles de Gaulle nommé Sous-Secrétaire d'État à la Défense, avait fait plusieurs voyages à Londres pour convaincre le gouvernement français d'appeler au combat, conjointement avec les forces du Royaume-Uni. À la suite de la démission de Paul Reynaud, Albert Lebrun fait appel au Maréchal Pétain, partisan de l'Armistice[74].

La demande d'Armistice fut transmise le 17 juin, pour être immédiatement suivie le 18 juin de l'appel du Général de Gaulle depuis Londres, pour que la France s'engage au combat. Albert Lebrun avait refusé de signer l'Armistice, mais la constitution du 11 juillet[75] autorisait ensuite le Maréchal Pétain d'exercer les fonctions de chef d'État.

La minorité de députés qui avaient voté contre cette Constitution, n'avait donc pas pu empêcher quatre années de soumission de la France sous le joug nazi.

La Résistance organisée de l'intérieur comme de l'extérieur manquait cruellement de moyens, mais ses actes héroïques ont conforté l'image de la France jusqu'à la fin du conflit.

*** La France et l'Allemagne sous une chape de plomb**

En Allemagne aussi des résistants de milieux très divers tentaient pendant les années de guerre de débarrasser le pays du Reich hitlérien, mais comme en France, le manque de moyens matériels et financiers paralysait des initiatives d'envergure.

On sait que des situations d'oppression et de désespoir réveillent les instincts les plus méprisables : pendant les années de guerre, l'image du loup étant un loup pour

[74] Pierre Lefranc, 1990

[75] Constitution élaborée à l'initiative de Pierre Laval

l'homme[76] résume les comportements d'une partie des populations allemandes aussi bien que françaises.

En Allemagne, où la population manquait rapidement de tout ce qui conforte la vie quotidienne, les dénonciations visaient non seulement les juifs mais aussi les citoyens qui avaient l'imprudence de prononcer quelques mots critiques au sujet du régime.

Il était par ailleurs mal vu de voyager autrement que pour des besoins professionnels, tant que les trains fonctionnaient encore correctement, de sorte que dans les gares de grandes affiches proclamaient « *Erst siegen, dann reisen* » (d'abord la victoire, les voyages ensuite), la suspicion étant devenue la règle..

En attendant, les familles juives qui devaient quitter précipitamment l'Allemagne, laissaient derrière elles des objets de valeur, des biens mal acquis par les délateurs et difficiles à retrouver après la guerre.

Si de tels actes, hélas fort nombreux, relèvent du droit commun, devant la toile de fond de la violation des droits de l'homme, le nazisme a produit des aberrations uniques dans l'Histoire de l'humanité. Il n'est ainsi pas exagéré de caractériser comme pathologique la création du « *Lebensborn* » (source de vie), une institution créée au centre du pays et invitant des jeunes filles de s'y rendre pour rencontrer pendant quelques heures de jeunes membres des SS ou SA, en vue de « donner un enfant au Führer ».

[76] Thomas Hobbes, 1641

Les centaines d'enfants nés de ces « unions » ne devaient jamais connaître leurs pères, le Führer se substituant symboliquement au géniteur biologique.

En France, de 1940 à 1944, le gouvernement de Vichy s'est efforcé de donner du pays une impression de normalité factice. « L'État français » dans ses deux zones libre et occupée, courbait l'échine devant le Reich, sans qu'il y ait eu un soulèvement populaire comparable à ceux survenus plus tard dans les pays satellites de l'URSS.

Concernant les familles juives françaises, on estime que les trois quarts ont pu échapper à la furie antisémite du Reich, y compris après l'invasion par la Wehrmacht de la zone libre en novembre 1942. En effet, selon les sources de l'époque, le gouvernement de Vichy procédait avec un certain laxisme à l'application des ordonnances en vigueur, au-delà du port de l'étoile jaune imposé. On a appris très récemment, qu'au moment du rassemblement de Pithiviers, ce même laxisme avait, parait-il, sauvé de nombreuses vies.

La fureur nazie visait en premier lieu la Résistance. Lorsque des résistants furent capturés et exécutés, l'occupant faisait en sorte que leur sort fut connu de la population, au titre d'une sévère mise en garde. La tuerie du maquis du Vercors[77] est ainsi devenue le symbole du sacrifice de jeunes combattants blessés et de leurs soignants.

---

[77] Rosine Crémieux & Pierre Sullivan, 1999

*** Une douleur diffuse**

La fin de la Deuxième Guerre mondiale en Europe, marquée par l'armistice du 8 mai 1945[78], avait délivré les peuples du spectre infernal devenu réalité, et laissé entrevoir un monde meilleur.

Les traces profondes des douze années du Reich nazi, promis par Hitler pour une durée de mille ans, jalonnent le vécu franco-allemand. Pour essayer de saisir leurs effets sur les relations entre nos deux pays, il faut évoquer les images de la défaite et de la victoire, sachant que ni l'une ni l'autre ne sont univoques.

S'il existe certes une symbiose entre les mémoires individuelle et collective, nous voudrions suggérer les repères suivant :

En Allemagne, après la disparition du Reich hitlérien, les abominations commises sortaient progressivement de l'ombre, où l'étouffement de l'information les avait gardées jusqu'à la fin des hostilités.. On peut effectivement croire que les Allemands qui ne vivaient pas à proximité d'un lieu pourvu de fours à gaz, avaient ignoré ce contexte dépassant l'imagination.

Sur le plan du quotidien, les pères et mères de famille souffraient autant que pendant la guerre, sinon davantage, du fait de ne pas pouvoir donner aux enfants ainsi qu'à leurs ainés ce qui appartenait à une vie, même modeste, de jadis.

[78] Capitulation de l'Italie après le débarquement américain en août 1943

Il nous semble qu'en Allemagne le vécu de l'après-guerre fut pire encore au plan collectif. En effet, on peut parler d'une double honte : Le Führer avait abandonné les siens, alors que la majorité d'entre eux l'avait glorifié avec une ferveur sans pareil. Ensuite, et en tant qu'« Allemands », l'image montrée au monde était celle d'un peuple qui s'était laissé subjuguer puis anéantir par un *inferno* dantesque sans avoir été capable, par lui-même, de se libérer du nazisme. Au deuxième degré, et de façon presque trop anodine, on pense au *Zauberlehrling* (l'apprenti sorcier)[79].

En France, la libération de Paris suivie de celle du pays entier au moment de la capitulation sans conditions du Reich, avait été un immense soulagement. Ce sentiment n'était guère partagé par les nombreux collaborateurs qui pour la plupart n'avaient pas réussi à fuir, peu d'endroits dans le monde étant enclins de les accueillir, contrairement à un nombre non négligeable d'allemands qui avaient fondé une sorte de deuxième patrie en Amérique du Sud.

Les collaborateurs furent traduits en justice sous le Gouvernement provisoire de la République (1944 – 1946)[80], alors que des actes de vengeance frappèrent de nombreuses femmes qui furent tondues pour s'être mises à la disposition des soldats de la Wehrmacht.

---

[79] Johann Wolfgang von Goethe, 1797, citation en allemand « Die ich rief, die Geister, die werd' ich nun nicht los » (.. je les ai convoqués, ces esprits, et n'arrive plus à m'en débarrasser; trad. libre par l'auteure).

[80] Successeur du Comité français de libération nationale pendant la deuxième guerre mondiale, dirigé par Charles de Gaulle.

Or, la destruction du pays avait été d'une envergure telle qu'il s'était très vite avéré difficile pour le Gouvernement provisoire de trouver sa voie, bien que certains acquis sociaux, avant tout le droit de vote enfin accordé aux femmes, doivent être mis à son actif.

Néanmoins, les citoyens étaient déçus : la joie de la victoire c'était vite effacée devant la pénurie et les difficultés de la vie quotidienne, les gouvernements de Félix Gouin, Georges Bidault et Léon Blum ayant du mal à dessiner une politique nationale[81].

La mémoire collective est moins frustrante. En effet, tout en reconnaissant le rôle des Alliés, la France avait vite acquis son rôle dans des instances comme celle du Conseil de Sécurité de l'ONU qui venait d'être créée. Ainsi fut assez largement effacée une certaine amertume devant l'exclusion de la France libre des négociations organisées vers la fin de la guerre, notamment de la conférence de Yalta.

Or, que trouve-t-on aujourd'hui dans les archives du ressenti, de part et d'autre?

Il convient ici d'évoquer deux événements survenus peu de temps avant la fin de la guerre et dont l'horreur et le désespoir ont laissé des blessures toujours présentes.

En effet, en septembre 1944 l'armée de l'air britannique déversait des avalanches de bombes sur la ville du Havre pour détruire les installations portuaires encore aux mains de l'ennemi allemand[82]. Certes, le

---

[81] La section suivante traitera de la suite de l'évolution politique.

[82] Le responsable britannique de l'attaque meurtrière, John Crocker, avait demandé au commandeur allemand des troupes, Eberhard Wildermuth, de se rendre ; celui-ci refusait en demandant néanmoins

Gouvernement de Vichy était toujours en place, mais le peuple français était un peuple ami ayant subi l'invasion allemande.

En février 1945, la ville de Dresde fut anéantie par des tapis de bombes britanniques. Cette ville venait d'accueillir plusieurs centaines de milliers de réfugiés de l'Est. Les images de l'époque montrent un paysage martien, au moins cent mille personnes ayant trouvé la mort en l'espace de 48 heures. Les services du renseignement britannique n'avaient pas manqué d'informer le commandement britannique sur ces mouvements de populations.

Le pragmatisme politique d'Outre-Manche est connu. Il s'agissait dans les deux cas d'en finir au plus vite avec la guerre, « no matter what it takes ». L'importance stratégique de ces actes fait toujours discussion ; il est certain que le bombardement de Coventry par la *Luftwaffe* était présent dans les esprits Outre-Manche.

Les témoignages individuels ainsi que les mémoires collectives nous permettent aujourd'hui d'être conscients des atrocités dont est empreinte la Deuxième Guerre mondiale. Nous nous en détournons en nous engageant dans des voies de convergence.

Section 4 – La France et deux États émergents

S'il est vrai que les trois États dont il sera question ici, n'ont existé en droit que de 1949 à 1990, les turbulences de l'après-guerre ont abouti à cette configuration en 1949, de sorte que l'Allemagne était de 1945 à 1949 dans

---

quelques heures pour l'évacuation de la population civile, ce que Crocker refusait à son tour.

une situation de déconfiture, le Reich ayant été anéanti en tant qu'image de l'État. Ainsi, il y avait toujours une nation allemande, mais plus d'État allemand. Or, en dépit d'une Histoire souvent douloureuse pour le peuple, la France n'a pas cessé d'être un État depuis 1792.

* La Quatrième République

Lorsque la IVe république est évoquée aujourd'hui, l'image risque d'être plutôt négative. En effet, devant les faiblesses de nature diverse dont il sera question par la suite, l'essor économique de l'Allemagne de l'Ouest (RFA) dès le début des années 50 avait contribué au mécontentement des citoyens français dont les nombreux gouvernements s'avéraient incapables d'opérer un redressement comparable.

Puisque ce sentiment atteignait souvent le niveau du mépris, l'analyse des causes s'impose.

¤ L'absence d'un consensus au niveau institutionnel

Abstraction faite de la collaboration, la guerre avait « soudé » les Français au-delà de leurs appartenances politiques très diverses. À la libération en 1944, deux assemblées constituantes et trois référendums pouvaient être attribués à la situation généralement provisoire, mais la Constitution adoptée en 1946 reflétait les orientations politiques divergentes entre le PCF, le MRP et la SFIO. C'est ainsi que de Gaulle rejetait ce texte lors de son discours de Bayeux, pour se retirer « définitivement » de la scène politique.

La Quatrième République se trouvait ainsi dans une situation d'instabilité permanente, avec 24 gouvernements de 1947 à 1958. Le scrutin proportionnel faisait qu'aucun parti ne disposait de la majorité à l'Assemblée, de sorte que même les efforts de Mendès France s'avéraient un échec en 1954. Qui plus est, le début de la guerre froide en 1947 avait conduit à l'exclusion des ministres communistes du gouvernement.

Ainsi, l'opposition des communistes et des gaullistes rendait la France quasiment ingouvernable.

¤ Une croissance semée d'embûches

Une forte demande de consommation rencontrait une offre insuffisante.. La transformation de l'économie était trop lente, et de trop nombreuses petites entreprises étaient non rentables, de sorte que la hausse des prix conduisait à l'inflation et à des dévaluations.

Ainsi, une croissance irrégulière et inégale avait conduit à des grèves massives en 1947 et 1948, à l'initiative du PCF et de la CGT. La durée de cette tendance, néfaste au plan macroéconomique aussi bien que microéconomique, avait vu naître le mouvement poujadiste, représentant l'Union des commerçants et artisans de façon excessivement sectorielle.

Nous n'insisterons pas ici sur l'échec de la décolonisation, la défaite en Indochine et la guerre d'Algérie. Ces événements ne concernaient pas directement les relations franco-allemandes, bien que leur coût humain et financier ait pesé lourdement sur le relèvement de la France, longtemps après la Deuxième Guerre mondiale.

¤ Les acquis de la IVe République

Si les orientations élaborées par le Conseil national de la Résistance ont été retenues, le libéralisme économique venant d'Outre-Manche et d'Outre-Atlantique était bientôt difficile à freiner.

Ainsi, le rôle de l'État se dessine d'abord sur le plan des nationalisations qui concernent les charbonnages dont l'importance était encore primordiale, l'électricité et une partie essentielle du secteur bancaire et celui des assurances.

Si le transport aérien devait émerger comme pilier de l'économie, l'importance de l'automobile portera pour toujours la marque de la nationalisation de Renault dont le rôle sous l'Occupation avait rendu cette transformation indispensable, ne serait-ce qu'au plan moral.

La planification conduisait d'abord à la conception du 1er Plan Monet, en vigueur de 1947 à 1952, visant une croissance à long terme. Le 2e plan en vigueur de 1954 à 1957 prévoyait un premier aménagement du territoire, surtout dans le contexte rural, ainsi qu'une décentralisation industrielle.

On doit signaler l'instauration de la Sécurité sociale et des prestations sociales ainsi que des Comités d'Entreprise qui avaient été une exigence des syndicats ; même consultatifs comme partout à l'époque, ils symbolisaient un frein sur le chemin de la capitalisation à venir, de l'économie française et européenne.

Un autre jalon important avait été la création du SMIG (salaire minimum interprofessionnel garanti). Rappelons que le SMIG fut instauré après 12 années de blocage des salaires ; il était basé sur une semaine de travail de 45 heures, pour un salaire horaire de 78 francs à Paris.

¤ La Quatrième République dans l'Europe

Une considération préalable doit viser le contexte mondial à l'issue de la guerre, et plus précisément depuis 1946. La guerre froide qui allait durer bien au-delà de la mort de Staline en 1953, en laissant peu de répit aux États-Unis après la victoire de 1945 en Europe aussi bien qu'au Japon. Or, si la politique américaine visait la création d'un bloc de défense occidental, les pays européens aspiraient désormais à une autonomie pour la défense de leurs territoires.

C'est ainsi que l'échec de la première tentative de créer une nouvelle Europe doit être vu dans le contexte plus large de la guerre froide. En effet, le projet d'une Communauté européenne de Défense (CED) fut définitivement rejeté par l'Assemblée Nationale française, à la suite de négociations qui avaient débuté en 1951.

Le projet avait visé la création d'une armée européenne avec des institutions supranationales. La pierre d'achoppement majeure était la supervision de ces institutions prévue à être exercée par le commandant en chef de l'OTAN, qui est nommé par le Président des États-Unis.

Si la création réussie de la CECA (Communauté européenne du Charbon et de l'Acier) reposait sur des considérations proches de celles de la CED, en termes de disponibilité de matières premières organisée sur une base plus large que nationale, la mise sous le parapluie protecteur américain pouvait tout de même paraître moins directe que dans le cas d'un relais du commandement US.

Il n'y a pas de doute que le projet de la CECA était par ailleurs d'autant plus favorablement accueilli en France qu'il était le fruit des efforts de deux personnalités françaises de premier plan, le ministre des Affaires étrangères Robert Schumann et Jean Monnet, le Commissaire général au Plan.

La naissance de la CEE (Communauté économique européenne) par la signature du Traité de Rome en 1957 en tant qu'union douanière entre six pays, avait ensuite constitué le soubassement d'une évolution qui a conduit pas à pas à la configuration de l'Union européenne telle que nous la connaissons aujourd'hui.

Or, avant de traiter de l'émergence en parallèle à ce développement, des deux États allemands, on peut estimer que la convergence économique et politique entre la France et l'Allemagne de l'Ouest avait certes été facilitée par les circonstances, à savoir celles de la guerre froide, mais que la volonté des « pères de l'Europe » avait été essentielle.

Ainsi, la mémoire collective a pu s'établir en symbiose avec le vécu individuel, de sorte que de part et d'autre la douleur du passé a permis que l'espoir naisse.

* 1945-1949 : Quatre zones d'occupation

Le Conseil de Contrôle Allié avait créé dès l'arrêt des hostilités quatre zones d'occupation, dont le fonctionnement était étroitement surveillé par les forces respectives.

Lorsqu'en octobre 1946 fut envisagée l'instauration d'une administration centrale en Allemagne, cette initiative était vouée à l'échec à cause du véto français, puisque les résolutions du CCA exigeaient l'unanimité. Ainsi, les gouvernements militaires devaient organiser d'abord le rétablissement des administrations locales, suivies de l'organisation des zones d'occupation en *Länder*.

Sur la base du Protocole de Londres (fin 1944, avec l'adhésion de la France en juin 1945), les trois secteurs de l'Ouest de Berlin, d'abord occupés par les troupes soviétiques, furent libérés et rendus aux puissances d'occupation américaines, britanniques et françaises [83](juillet 1945).

Dès 1946, le début de la guerre froide avait orienté les États-Unis et le Royaume-Uni vers une politique plus coopérative avec Allemagne, alors qu'auparavant leur comportement avait visé un pays vaincu plutôt que libéré.

¤ Le chemin vers la création des deux États allemands

** Les textes constitutifs de la République fédérale d'Allemagne

Les trois puissances occidentales et les États du Benelux avaient présenté le premier juillet 1948 aux 11 Ministres-Présidents des Länder, des documents dits « Documents de Francfort » prévoyant au premier septembre 1948 une Assemblée constitutive composée des députés des Länder des trois zones d'occupation

[83] Les détails de la réorganisation des Länder ainsi que de Berlin figurent entre autres chez Günter Naumann, 2018, pp. 162-167.

occidentales. La population était appelée à se prononcer par la voie d'un référendum.

En parallèle, un « Statut d'Occupation » devait être promulgué, de toute évidence sans la possibilité d'une discussion.

Les Ministres-Présidents avaient insisté sur l'option d'une réunification de l'Allemagne, de sorte qu'à la place d'une Assemblée constitutive, un « Conseil parlementaire » devait être convoqué, la « Constitution » étant remplacée par une « Loi fondamentale » (Grundgesetz), à entériner par les Assemblées parlementaires des Länder.

À la suite de la ratification par les Assemblées parlementaires de 10 Länder (à l'exception de la Bavière), la Loi Fondamentale fut proclamée le 23 mai par le Président du Conseil parlementaire, Konrad Adenauer, Bonn devenant la capitale provisoire de la République fédérale.

Pour ce qui est de la Bavière, elle était prête à respecter la *Grundgesetz,* sans pour autant l'accepter, en invoquant un centralisme excessif.

Le Statut d'Occupation entra en vigueur le 21 septembre 1949. Ceci signifiait que trois Hauts Commissaires devaient contrôler et confirmer toutes les Lois émises. Ils répondaient également de la politique extérieure, y compris commerciale, du désarmement et des modifications de la Loi Fondamentale.

Les puissances d'occupation pouvaient reprendre l'ensemble de leurs pouvoirs, si elles l'estimaient nécessaire pour la sécurité de leurs troupes et l'ordre démocratique en général.

Ce ne fut qu'en 1951, dans la mouvance de la CECA, que l'Allemagne regagnait la liberté de sa politique étrangère. Il fallait attendre le 5 mai 1955 et la signature des Traités de Paris, pour que le Statut d'Occupation soit levé, l'Allemagne devenant ainsi, six années après la création de la RFA, un État à part entière.

Rappelons qu'à cette époque le dernier Président de la IVe République française, René Coty, venait d'entrer en fonction. Les réticences françaises devant la reconstitution d'une Allemagne, même partielle, avaient dû céder le pas devant la glaciation menaçante venant de l'Est.

** Les développements dans la zone d'occupation soviétique

S'il n'est pas opportun, dans le cadre de notre étude, de retracer le cheminement tortueux de l'organisation politique et économique à l'Est, quelques repères peuvent servir d'indicateurs :

Dès 1945 avaient eu lieu les refondations des partis communistes et socialistes, souvent grâce aux initiatives d'anciens opposants au régime nazi, qui avaient survécu dans les camps de concentration[84]. Or, leurs efforts dans le sens d'un libéralisme politique furent rapidement battus en brèche par la renaissance d'un « alignement » rappelant celui du régime hitlérien. En témoignent la composante des partis antifascistes et démocratiques, et l'union en 1946 des partis communiste et socialiste, pour former le

[84] Cf. Günter Naumann, 2018, p. 180

SED (Sozialistische Einheitspartei Deutschlands, Parti socialiste unifié d'Allemagne).

Ainsi, les responsables du SED ont conçu à partir de 1946 le « Projet d'une Constitution pour la République démocratique allemande ». On observe par ailleurs la formation d'organisations de masse sur le plan de la paysannerie, de la jeunesse et de la force de travail féminine. De cette manière, la quasi-totalité de la population fut encadrée et « alignée » au sens du SED.

Les démontages, expropriations et la nationalisation complète des entreprises industrielles, devaient représenter le « nettoyage politique » ainsi que le « changement structurel de la société » conformément au système soviétique.

Le troisième et dernier « Congrès du Peuple » avait évolué vers un « Parlement provisoire ». Des élections avaient eu lieu en mai 1949, dans la zone d'occupation soviétique et à Berlin-Est ; les objectifs du Congrès du Peuple étaient ceux du SED qui obtenait plus des deux tiers de voix. Le projet de la constitution fut ainsi adopté et la République démocratique allemande proclamée le 7 octobre 1949.

¤ Les réformes monétaires et le blocus de Berlin

Nous tenons à retracer ces développements de façon détaillée, puisque le comportement de la population à Berlin-Ouest avait impressionné les pays alliés dont la France, et créé un fort courant de sympathie à travers le monde.

** La chronologie de la réforme monétaire à l'Ouest

La réforme monétaire avait été préparée par les États-Unis et portait l'empreinte du libéralisme anglo-saxon.

En Allemagne, la masse monétaire en présence à l'issue de la guerre s'était trouvée gonflée, du fait du maintien des prix et des salaires à des niveaux fixes depuis le milieu des années 1930, conjointement avec une production insuffisante de marchandises.

C'est en partant de cette situation que les commandants militaires fondaient en mars 1948 la « Bank deutscher Länder » (Banque des Länder allemands) qui obtenait ainsi le droit de l'émission monétaire. La proclamation de la réforme monétaire par les Alliés avait lieu le 20 juin 1948, mais ne comprenait pas les trois zones occidentales de Berlin. Un nouveau « DM » (Deutsche Mark) valait 30 cents USA.

Chaque citoyen obtenait dans l'immédiat 40 DM, et 20 DM deux mois plus tard, sur la base d'un taux de conversion de 1 : 1. Ainsi, le relais devait fonctionner jusqu'à la première rémunération générale à la fin du mois de juin. Les entreprises avaient le droit d'échanger 60 marks par collaborateur au taux de 1 : 1. Salaires, loyers et retraites étaient dus sur une base de conversion de 1 : 1. Les avoirs des entités publiques et ceux des instituts de crédit étaient annulés ; pour redevenir actifs, ils obtenaient des obligations tirées sur les Länder respectifs.

Le caractère peu social de la réforme imposée sans aucune concertation avec les instances allemandes, est alors évident.

En effet, le taux de conversion de l'argent liquide était de 10 : 1, alors qu'il était de 100 : 6,5 pour les livrets d'épargne. Les gagnants étaient les détenteurs de biens fonciers et autres valeurs matérielles.

Or, ce même 20 juin le Directeur de l'Office économique des deux zones anglo-saxonnes, Ludwig Erhard, proclamait de son propre chef la fin de la gestion économique contrainte et la liberté de la plupart des prix. Dans la zone d'occupation française, la réforme économique devait attendre le printemps 1949.

** La réforme monétaire dans la zone d'occupation soviétique

Avant de commenter la situation particulière telle qu'elle avait évolué à Berlin, il faut tenir compte des structures monétaires créées à l'Est.

La « Deutsche Notenbank » avait été créée en mai 1948. La réforme monétaire reposait depuis le 23 juin 1948 sur le « Deutsche Mark » ou « Mark Ost ». L'échange de l'argent liquide avait lieu au taux de 10 : 1, 70 RM étant échangés au taux de 1 : 1. Il peut suffire d'indiquer que des montants d'épargne et autres disponibilités voyaient leurs taux de conversion fixés de telle façon que les citoyens disposaient d'un minimum de moyens[85].

Les comptes des institutions publiques, des partis et des entreprises nationalisées étaient échangés au taux de 1 : 1.

Pendant quelques jours, les billets de l'ancienne « Reichsmark » (RM) étaient garnis d'un coupon collé, du fait que la réforme monétaire n'avait pas été prévue et

[85] Pour l'échelonnement détaillé, cf. Günter Naumann, 2018, p. 188

constituait une réaction précipitée devant les événements à l'Ouest.

Pendant un temps certain, l'économie contrainte par la fixation des prix restait en vigueur, la faiblesse de la production de biens de consommation témoignant d'un contraste remarquable par rapport aux vitrines garnies à l'Ouest, dès le premier jour de la réforme monétaire.

** Berlin, ville phare

La partie de bras de fer engagée au sujet de la ville de Berlin avait commencé le 23 juin 1948, lorsque les autorités de la zone de l'Est mettaient le Mark Est en circulation, également dans les zones ouest de la ville. Dans les vingt-quatre heures, les responsables Alliés de l'Ouest instauraient le Mark Ouest comme deuxième monnaie utilisable dans les secteurs ouest de Berlin, parallèlement au Mark Est. Il fallait attendre le 20 mars 1949 pour que le Mark ouest devienne la seule monnaie en circulation dans les secteurs ouest de Berlin.

Or, dès le 24 juin 1948 les voies d'accès à partir des zones occidentales vers Berlin Ouest avaient été bloquées par les autorités de l'Est. La suite est connue : les gouverneurs militaires américains et britanniques réagissaient par l'organisation du pont aérien, avec les symboliques « bombardiers à raisins ». Ce moyen, impressionnant au plan humanitaire, avait ceci de particulier que les bombardiers auraient été capables d'atteindre la ville de Moscou.

Par la suite, l'Accord des quatre puissances alliées conclu à New York, mettait fin au blocus de Berlin le12 mai 1949. Ainsi, les armes avaient parlé pour faire prévaloir l'idéologie libérale au détriment du règne marxiste.

Les chemins parcourus au titre des quatre zones d'occupation sont empreints du début de la guerre froide dès 1946. Or, le partage en deux blocs idéologiques et politiques occulte quelque peu le fait que les Alliés occidentaux faisaient valoir pendant un temps des interprétations diverses au sujet de la construction d'une nouvelle Europe. En effet, le pragmatisme anglo-saxon visait une réintégration rapide de l'Allemagne, alors que la France ne cachait pas sa méfiance envers l'envahisseur qu'elle souhaitait confiner de façon stricte et de durée indéterminée.

Qui plus est, le blocus de Berlin avait suscité l'admiration devant l'attitude des citoyens, en plaçant les États-Unis et le Royaume-Uni au premier plan d'une action humanitaire, bien qu'obéissant à des exigences militaires.

Les relations franco-allemandes subissaient ainsi un hiatus dû à l'incapacité de la IVe République française de s'affirmer, à la fois matériellement et moralement, aux côtés des Alliés.

** L'avenir de la Sarre

La distanciation évoquée était particulièrement présente, et ce jusqu'en 1957, au sujet de la Sarre. Dans la mouvance de l'installation de la zone française, la Sarre avait été déclarée « entité indépendante administrative », avant d'être séparée de la zone d'occupation et placée directement sous administration française.

Le 18 décembre 1946 la Sarre fut intégrée dans le territoire douanier français, avant l'introduction du Franc français comme moyen de paiement légal, le 20 novembre 1947. La constitution de fin 1947 entérinait le Statut particulier de la Sarre, qui restait en vigueur jusqu'à son rejet par la voie d'un référendum, le 23 octobre 1955.

Pour faire revivre cette période, quelques commentaires peuvent être éclairants :

La Constitution évoquée était fort fragile au plan juridique. En l'absence d'un Traité de Paix, cet « État » disposait d'un gouvernement, d'un parlement, d'un drapeau et d'une université ; or, Georges Bidault, alors ministre des Affaires étrangères de la France, et devenu français en 1919, avait déclaré dès janvier 1947 qu'il ne saurait s'agir d'une annexion, mais d'un « rattachement économique ». Néanmoins, la tutelle française était évidente.

Les détails des longues négociations qui ont abouti à la réintégration de la Sarre dans la RFA, figurent chez Jean-Paul Cahn[86], mais il nous semble qu'une citation s'impose :

« Bien qu'en position de demandeur, par la continuité de son action, il (Konrad Adenauer, Chancelier de la RFA) donna paradoxalement l'impression de tenir la ligne au bout de laquelle le poisson français se débattait de manière désordonnée ».

Cette image est dure et appelle des explications. Il est vrai que la présence de la France dans le territoire de la Sarre était peu appréciée, étant donné l'essor stupéfiant de

[86] Jean-Paul Cahn, 2017, citation p. 4

l'économie de la RFA (« le miracle allemand »), mais aussi à cause du comportement très inadapté des instances publiques françaises, à commencer par la « Sûreté » détestée par la population.

Par ailleurs, les talents de négociateur d'Adenauer avaient été impressionnants lors des négociations de la CECA qui avaient abouti en 1951. Tout accord de sa part reposait en effet sur la reconnaissance du caractère provisoire de la construction juridique de la RFA, visant toujours une réunification pour faire de la Loi Fondamentale une Constitution.

Par la suite, et plus particulièrement à partir de 1954, il faut admettre l'instabilité des gouvernements successifs sous les présidences de Vincent Auriol et René Coty, qui devaient affronter les événements en Indochine ainsi qu'en Afrique du Nord, surtout en Algérie ; Pierre Mendes France qui avait suscité beaucoup d'espoir, n'avait pas pu empêcher la sombre défaite de Dien-Bien-Phu. Dans ce contexte, le problème de la Sarre ne pouvait plus paraître comme prioritaire.

C'est ainsi que l'élaboration d'un Statut européen pour le territoire de la Sarre avait conduit au Référendum rejeté du 23 octobre 1955. À la suite de nouvelles négociations, la Sarre fut réintégrée dans la RFA en tant que 11e Land. Néanmoins, un dernier pas restait à faire : après une période transitoire, l'union douanière avec la France fut levée et le Deutsche Mark introduit à titre exclusif, le 6 juillet 1959.

Il est certainement malaisé d'apprécier aujourd'hui l'effet qu'avait produit en France le retour de la Sarre en Allemagne. L'acceptation – sinon, l'approbation – par les autorités publiques était facilitée par la construction européenne qui devait apporter à la fois des avantages réels et un apaisement émotionnel. L'évolution de l'opinion publique semble avoir été assez résignée : pourquoi vouloir retenir des gens qui ne veulent pas être français ? Les problèmes que devait affronter la IVe République, aidaient à considérer le règlement de la question de la Sarre comme un pas en avant vers une Europe de partenaires égaux.

*** La politique des trois États jusqu'à la chute du Mur**

¤ De la Quatrième à la Cinquième République

Les problèmes rencontrés par la Quatrième République s'étaient aggravés, une fois que de Gaulle avait pour ainsi dire claqué la porte du Gouvernement provisoire, en affirmant qu'il quittait la vie politique pour toujours, exaspéré par les tergiversations des membres de l'Assemblée Nationale et du Gouvernement.

En effet, la Quatrième République était un régime parlementaire, le Gouvernement étant nommé et renvoyé par les députés, ce dont les Présidents Vincent Auriol et René Coty devaient faire la douloureuse expérience.

La création de la CECA, de l'UEO puis de la CEE constituaient pour la France comme pour les autres pays impliqués, des aspects positifs inséparables de l'émergence de la guerre froide, mais la France était restée prisonnière de sa politique coloniale. Ainsi, l'embarras des gouvernements successifs devant des agissements de plus en plus violents, motivait des démissions souvent après quelques mois seulement.

Par ailleurs, la présence d'un Parti communiste qui était le premier parti de France, rendait bientôt la gestion du pays quasiment inopérante.

Le 13 mai 1958 avait lieu le soulèvement d'Alger : la démocratie était en danger, et seul le Général de Gaulle paraissait en mesure de redresser la situation. Dans la tourmente des événements, le Référendum mettait fin aux errements parlementaires et confiait à Charles de Gaulle les pouvoirs d'un Président dont les mesures prises faisaient de la France une démocratie souvent appelée présidentielle.

L'indépendance de l'Algérie en 1962 avait été acceptée, devant la perspective d'autres bains de sang, et en tenant compte en même temps des regards de l'étranger sur la France.

Si la décision prise en 1965, de l'élection du Président au suffrage universel, avait été accueillie favorablement, il restait un problème majeur à résoudre : le mandat présidentiel était de 7 années, alors que les élections législatives avaient lieu tous les 5 ans. Cela ne changera qu'à partir de 2002 (cf. infra).

En attendant, le départ du Général de Gaulle de la Présidence en 1969 avait été provoqué par le rejet du Référendum portant sur la décentralisation. Néanmoins, la cause sous-jacente était une période de dix années, jugée trop longue, de l'exercice d'un pouvoir autoritaire qui ne laissait que peu de place au débat parlementaire.

À la suite de la présidence de Georges Pompidou (1969-1974), celle de Valéry Giscard d'Estaing (1974 – 1981) fut marquée par des initiatives apparemment contradictoires : la France accordait désormais la majorité à ses citoyens à partir de 18 ans, et l'IVG fut légalisée en 1975. À l'opposé, et en dépit d'une opposition de plus en plus violente, le Président avait refusé l'abolition de la peine de mort.

Celle-ci fut abolie en 1981 sous la présidence de François Mitterrand, à l'initiative de Robert Badinter, ministre de la Justice. Ajoutons que pendant la présidence de François Mitterrand, la cohabitation eu lieu de 1986 à 1988, avec Jacques Chirac comme Premier ministre.

En ce qui concerne les relations franco-allemandes, le premier symbole d'une coopération militaire, désormais possible pour la RFA, est la conception et la construction en commun de l'Alpha Jet, réalisées conjointement par les sociétés Dassault-Breguet et Dornier. Le premier vol du prototype 01 avait eu lieu le26 octobre 1973 à Istres, la mise en service intervenait en 1981. Des deux côtés, les ingénieurs étaient particulièrement fiers du fait que l'avion était parfaitement fiable aux vitesses transsoniques. L'esprit de conciliation s'était ainsi manifesté de façon on ne peut plus concrète.

¤ La RFA et la Loi Fondamentale

Le premier Président de la RFA, Theodor Heuss (FDP) élu en 1949, était « un Souabe libéral exemplaire »[87] au sens que lui attribue Edgar Mass, c'est-à-dire un gardien de L'Esprit des Lois de Montesquieu qu'il a interprété sous sa propre plume. Journaliste puis professeur, il avait été vite rejeté par le pouvoir hitlérien sans pour autant ayant fait l'objet de poursuites. Il a su donner à la R.F.A. une respectabilité internationale impressionnante, en

[87] Edgar Mass, 1989, cit. p. 165

guidant les premiers pas du pays sur le terrain de la démocratie.

Par la suite, la politique allemande fut conduite par les Chanceliers successifs, le Président Heuss ayant nommé en 1949 Konrad Adenauer qui allait rester à ce Poste de 1949 jusqu'en 1963.

Son ministre de l'Économie Ludwig Erhard est surnommé « le père du miracle allemand » ; rappelons qu'il avait conduit la réforme monétaire et économique de 1948 sans concertation préalable avec les puissances d'occupation qui n'étaient pas intervenues, reconnaissant par la suite le bien-fondé de cette initiative.

Au titre des relations franco-allemandes, Adenauer avait toujours privilégié le rapprochement avec la France, au détriment d'une réunification de l'Allemagne. Toujours aux manettes de la politique en 1959, lors du « retour » de De Gaulle, il avait su instaurer des relations personnelles quasiment amicales après des siècles d'une juxtaposition hostile.

Il faut souligner que son adversaire, Kurt Schumacher, avait sans relâche prôné l'impérieuse nécessité d'œuvrer pour l'unité allemande. Il fut accusé de « marxisme » dans un pays où le bien-être matériel occupait vite le premier plan, alors que Schumacher était le *leader* incontesté du SPD.

Le Chancelier Adenauer était aidé du fait de la conclusion des Traités de Paris du 5 mai 1955, qui rendaient à la R.F.A. sa pleine souveraineté. Ceci ne pouvait que faciliter la prise en charge des réfugiés et des personnes déplacées, des victimes de la guerre rapatriées et de tous ceux qui demandaient une réparation des injustices et souffrances infligées, par un pays qui était désormais de nouveau un État.

Or, au cours de ses différents mandats avec des cohabitations changeantes, Adenauer était devenu un dirigeant solitaire, de sorte que l'opinion publique allemande accusait son règne d'être une « démocratie chancelière ». Le Traité de Coopération franco-allemand de 1963 (Traité de l'Élysée) peut être considéré comme la dernière œuvre d'un Chancelier finalement obligé de partir cette même année.

Entretemps avait eu lieu la construction du Mur de Berlin, qui mérite un commentaire, au-delà des faits considérés comme irréparables à l'époque. En effet, le désir d'intégrer Berlin-Ouest dans la R.F.A. avait motivé le transfert des séances de certains organes administratifs, de Bonn capitale provisoire à Berlin. Les protestations du régime de la R.D.A. et surtout de l'URSS (L'Ultimatum de Berlin) n'ayant pas été prises en compte, une réaction violente semblait inévitable.

Pour le Gouvernement de Ludwig Erhard, nommé comme Chancelier contre la volonté d'Adenauer, les temps étaient difficiles : la conjoncture devenait plus hésitante, la concurrence internationale plus forte et la gestion des deniers publics plus contestée.

Dans le cadre de notre sujet, il peut suffire de mentionner la démission du gouvernement Erhard et l'arrivée de la Grande Coalition (1966 à 1969). Celle-ci se trouvait au départ sur un terrain miné, dans la mesure où le SPD redoutait une orientation désormais plus libérale de la CDU. Finalement, le Président Georg Kiesinger(CDU) avait confié la constitution d'un gouvernement à Willy Brandt (SPD), le Maire de Berlin-Ouest, comme Chancelier.

L'année 1968 voyait des manifestations tumultueuses dans la RFA comme en France, de la part d'une jeunesse qui se détournait du modèle de l'économie de marché. Rétrospectivement, on peut constater qu'il s'agissait en Allemagne essentiellement d'un conflit générationnel, alors qu'en France l'appel des étudiants comme des ouvriers visait surtout une réforme des structures sociales et sociétales.

Au plan juridique et politique, le Traité signé le 21 décembre 1972 entérinait la reconnaissance mutuelle de la RFA et de la RDA. en tant que deux États égaux, sur la base des frontières issues de la Seconde Guerre mondiale. Par la suite, la France reconnaissait la RDA le 9 février 1973, les deux États allemands étant admis à l'ONU en cette même année.

Préalablement, la signature du Traité de Varsovie le 7 décembre 1970 avait été le signal d'une politique de détente et de rapprochement entre les deux États, le Chancelier Willy Brandt s'étant agenouillé à cette occasion devant le monument des victimes du soulèvement du Ghetto de Varsovie.

De nombreuses mesures contribuèrent par la suite à une amélioration des relations entre les deux Allemagnes, mais l'attention était concentrée dès 1973 sur la première crise pétrolière déclenchée par la politique pro-israélienne des pays de l'Ouest.

En RFA.survenait en 1974 une affaire d'espionnage et la démission de Willy Brandt. Aujourd'hui encore, cette démission doit être vue dans le contexte plus vaste du rejet de l'*Ostpolitik* du Chancelier, devenue inacceptable pour les conservateurs ouest-allemands.

L'élection de Helmut Schmidt (SPD) en 1974 comme Chancelier eut lieu dans un contexte politique et économique de plus en plus difficile, avec les assassinats de plusieurs hommes politiques allemands et la décomposition de la coalition SPD-FDP.

En 1981, le chancelier allemand avait demandé de pouvoir rencontrer le Président français François Mitterrand, qui venait d'être élu. En effet, Helmut Schmidt, tout en appartenant au SPD, était proche de Valéry Giscard d'Estaing qui n'avait pas réussi à obtenir un deuxième mandat. Au-delà de la juxtaposition politique, tout semblait pourtant opposer le fils d'une famille aristocratique française, au chancelier allemand, fils d'un instituteur. Il s'agissait donc pour le Chancelier de rassurer le Président Mitterrand de son attachement à une politique de gauche et au rapprochement franco-allemand.

À la suite de la mise en cause de la politique du gouvernement en place, la coalition CDU-FDP (1982-1988) avait fait de Helmut Kohl le nouveau Chancelier, appelé par la suite « le père de l'unité allemande ». En attendant, la coalition se devait d'œuvrer en faveur d'une politique économique favorisant les initiatives entrepreneuriales, tout en luttant contre le chômage qui était devenu sensible à la suite de la rationalisation et la hausse de la productivité du travail.

Les relations Est-Ouest s'étaient améliorées depuis 1985 par l'élection de Mikhaïl Gorbatchev comme Secrétaire général du parti communiste soviétique, qui avait signé avec les Présidents des États-Unis Ronald Reagan et George Bush, plusieurs Traités portant sur la limitation des armements nucléaires et stratégiques.

Les événements à venir entre les deux États allemands nécessitent d'abord un exposé de l'évolution de la R.D.A.

¤ La RDA de 1949 à 1989

La création de la R.D.A. date de 1949, quelques mois seulement après celle de la RFA. On constate généralement que les initiatives prises par les responsables politiques est-allemands suivaient celles de l'Ouest, en voulant créer l'impression de mesures réactives quasiment imposées.

On peut distinguer deux périodes de gouvernances est-allemandes, celle de Walter Ulbricht et celle de Heinrich Honecker.

** L'époque Walter Ulbricht (1949-1971)

À la suite de la confirmation d'une *Volkskammer (*Chambre du peuple - Parlement), l'URSS entérinait dès le mois d'octobre des relations diplomatiques avec la RDA, suivies par les autres pays de l'Est ainsi que par la Chine. La frontière Oder-Neiße entre la RDA et la Pologne, avait été reconnue par l'Accord du 6 juillet 1950. Ces procédés confirmaient la séparation de l'Allemagne en deux États.

Le Ministère pour la Sécurité de l'État, appelé volontiers « le bouclier et le glaive du Parti » devait veiller sur l'alignement d'opposants, et le cas échéant les rendre inoffensifs. Le réarmement du pays allait faciliter cette tâche.

La dissolution des *Länder* signifiait la fin des structures fédérales héritées. La collectivisation de l'agriculture était réalisée parallèlement à la transformation des entreprises artisanales et commerciales indépendantes, en Coopératives de production.

Le soulèvement du 16 juin 1953 fut étouffé dans le sang par les blindés soviétiques. Dans cette ambiance, un nombre important de citoyens des campagnes ainsi que des villes fuyaient vers l'Ouest, redoutant à juste titre des interdictions de déplacement à venir. La conséquence était un manque de main-d'œuvre dans l'agriculture comme dans l'industrie, la RDA.évoluant vers une société de consommation plutôt que de production, dans les limites des biens disponibles.

Dès septembre 1960 et à la suite de la mort de Wilhelm Pieck, le poste de Président fut supprimé et un groupe de direction collectif créé, avec Walter Ulbricht comme Président. Celui-ci pouvait désormais disposer quasiment seul de la souveraineté de la RDA.

La politique envers la population se durcit avec la construction du Mur de Berlin en 1961 comme réaction aux agissements des autorités de la RFA. (cf. supra). En même temps, l'effort d'autarcie devait rendre la RDA. moins dépendante des fournitures importées des pays occidentaux ; on parlait de « *Störfreimachung* », un terme assez étrange disparu depuis et voulant dire « libération de dérangements » - donc de l'ingérence dans l'application des théories marxistes-léninistes.

** L'époque Erich Honnecker (1971-1989)

Sous Ulbricht, la RDA. s'était considérée comme le meilleur modèle de l'économie anticapitaliste, allant jusqu'à recommander à l'URSS de suivre son exemple. La réaction de Moscou avait été d'évincer ce personnage encombrant et de saluer son remplacement par Erich Honecker. Par ailleurs, en 1974 des relations diplomatiques allaient être établies avec les États-Unis,. à la suite de l'adhésion de la RDA à l'ONU en 1973.

L'opposition intellectuelle et religieuse continuait d'être réprimée, alors que la politique économique et sociale faisait l'objet en 1976 d'un Plan visant « l'amélioration des conditions d'activité et de vie des membres de la force de travail ». Mentionnons à ce titre la création renforcée de crèches et de maternelles pour faciliter le travail des femmes.

Néanmoins, la réduction des livraisons de pétrole par l'URSS et le remplacement par du lignite mettaient à mal les conditions environnementales et étaient globalement insuffisantes pour stimuler la production. Ainsi, le PIB (Produit intérieur brut) par tête n'était au cours des années 1980 que d'environ un tiers de celui de la RFA.

L'insatisfaction grandissante et les manifestations en partie sanglantes de 1989 n'avaient pas empêché Erich Honnecker d'inviter Mikhaïl Gorbatchev aux festivités du quarantième anniversaire de la RDA. Celui-ci incitait Honecker à procéder à des réformes ; il est cité pour avoir dit « Celui qui est en retard sur l'histoire est puni par la vie ».

Les nouvelles manifestations du mois d'octobre, de plusieurs centaines de milliers de personnes à Leipzig et Berlin, avaient pour conséquence l'ouverture de la frontière le 9 novembre 1989 et l'effondrement de la RDA.

Section 5 – Le parcours vers la fin du XXe siècle

* L'accueil de la chute du Mur

L'événement du 9 novembre 1989, d'une portée mondiale, reste dans les mémoires collectives allemande et française en tant que date majeure du XXe siècle finissant, sachant que la réunification allemande n'aurait pas eu lieu sans le consentement des Alliés qui pouvaient compter sur Gorbatchev pour ne pas s'y opposer.

Or, s'il est évident qu'aucun pays n'allait regretter ouvertement la démolition du Mur et ses conséquences, le nouveau partenaire sur la scène internationale faisait appel à un réexamen des stratégies politiques et économiques.

L'attitude du Président Mitterrand était au départ bien moins négative que ce qu'on peut lire dans de trop nombreux textes. Le document d'Henri Ménudier[88] nous semble être le plus perspicace à cet égard. L'auteur commence par l'évocation de l'emprisonnement de Mitterrand en Thuringe en 1940/41, avant qu'il ne parvienne à s'évader, à la troisième tentative, pour rejoindre la Résistance.

En dépit de la situation, il avait ressenti dans cette partie d'Allemagne intégrée par la suie dans la RDA, l'âme de la Prusse, très différente de l'image de la

---

[88] Henri Ménudier, 2000

Bavière. S'il n'a jamais nié le légitime désir des Allemands de disposer d'eux-mêmes, il avait laissé entendre après la guerre et en présence des deux Allemagnes, que l'unité devrait probablement attendre une dizaine d'années, en étant donc bien trop optimiste.

Lorsque, lors du Sommet franco-allemand en novembre 89 à Bonn, un journaliste allemand voulait savoir si le Président français avait peur d'une réunification allemande, la réponse abondamment documentée fut : « Non, je n'ai pas peur de la réunification, l'histoire est là, je la prends comme elle est ».

À d'autres occasions au cours de cette période cruciale, Mitterrand a toujours vu une réunification dans le contexte de la construction de l'Europe.

Devant ce scénario inachevé, l'attitude de Mikhaïl Gorbatchev[89] était très évolutive devant la crise interne dans son pays, étant donné que la RDA avait été pour l'URSS de loin le partenaire le plus précieux au plan économique. Ainsi, lors de la réunion à Kiev le 6 décembre 1989, Gorbatchev préconisait toujours le maintien de deux États allemands, tout en estimant possible une réunification. Parallèlement à la question allemande, le réformateur Gorbatchev redoutait son remplacement par un militaire, et donc le spectre d'une autre guerre.

On comprend que dans cette ambiance de fin de partie, le voyage du Président français en RDA du 20 au 22 décembre 89 ait rencontré de l'incompréhension en

[89] Nommé Secrétaire Général du PCUS en 1985, Président du Présidium du Soviet Suprême de 1988-1990, et Président élu de l'URSS de mars 1990 à décembre 1991.

France, ainsi qu'en Allemagne, puisque le Chancelier Kohl n'en avait pas été averti en temps voulu.

En tenant compte de certains apartés qui ont filtré au fil des réunions, le Chancelier Kohl se pliait certes aux usages diplomatiques, tout en doutant du désir de l'Élysée de voir l'Allemagne réunie. À la suite de la lecture d'une abondante littérature, l'auteure de cette étude ne partage pas ce point de vue.

Lors d'une réunion entre le Président Gorbatchev et le Chancelier Kohl en juillet 1990, la souveraineté pleine et entière de l'Allemagne réunie fut acquise, assortie du règlement du retrait progressif des troupes soviétiques du sol allemand et d'un accord en matière d'armement. Ce Traité germano-soviétique était accueilli en Allemagne comme le fait le plus marquant de l'après-guerre.

Le règlement des frontières avait été entamé à Paris en juillet, et le Traité signé par les « 4 + 2 » à Moscou le 12 septembre 1990, avec l'acceptation définitive de la frontière de l'Oder-Neiße entre la Pologne et l'Allemagne.

L'adhésion de la RDA. à la RFA fut signée entre Helmut Kohl et Lothar de Maizière, le dernier responsable de la R.D.A., le 3 octobre 1990. À cette occasion, le Président Mitterrand obtenait l'engagement de l'entrée en vigueur au premier novembre 1993, du Traité de Maastricht en vue de la création de la monnaie européenne.

Le Président Mikhaïl Gorbatchev abandonnera le pouvoir le 25 décembre 1991, étant à ce jour honoré, pour ne pas dire vénéré, en Allemagne comme l'artisan d'une œuvre venue d'un autre monde.

Si ce rappel historique a pu jeter quelque lumière sur l'époque de l'émergence d'une Allemagne nouvelle, il n'est pas aisé d'en apercevoir les traces dans les relations franco-allemandes. En effet, si l'écho de l'affirmation « sans Gorbatchev, nous n'aurions jamais été réunis » est encore audible en Allemagne, l'idée que la France n'aurait pas pu s'opposer à la réunification, avait mis un certain temps à s'effacer. Le chemin parcouru depuis, a fait disparaître cette ombre, devant la volonté des deux pays de guider ensemble l'avenir de l'Europe.

*** Dans l'attente de l'an 2000**

L'an deux-mille va réveiller les inquiétudes irrationnelles du chiffre rond, bien que le deuxième millénaire ne commence en réalité qu'à la fin de cette année. Les événements dramatiques qui se produiront alors seront traités au Chapitre IV. En attendant, la France et l'Allemagne nouvelle chercheront leurs voies.

¤ La France des années 90

Le deuxième mandat de François Mitterrand avait d'abord été celui du grand changement politique en Europe, marqué également par la participation de la France à la Guerre du Golfe dans le contexte de l'invasion du Koweït par l'Irak. La cause essentielle avait été la surproduction de pétrole par le Koweït et donc une baisse des prix inacceptable pour l'Irak.

Or, il existe un lien bien qu'indirect, entre ces événements. En effet, la décomposition de l'URSS avait laissé momentanément les États-Unis dans une euphorie certaine, se sentant désormais les maîtres du monde[90]. À la

90

tête des forces armées d'une trentaine de nations, ils comptaient rétablir l'ordre dans un contexte où effectivement la souveraineté d'un État avait été violée.

La France pouvait difficilement se soustraire à l'appel de l'Alliance, bien que par la suite André Kaspi[91] ait pu se faire l'écho de l'opposition politique en France, en posant la question de savoir : 'une victoire, pour quoi faire?'. L'Allemagne désarmée n'était pas en cause, mais la présence d'un partenaire économique devenu un concurrent désormais uni, pouvait faire douter du bien-fondé de l'utilisation des fonds publics de la France aux fins de cette guerre.

Tout en ayant été nommée Premier ministre le 15 mai 1991, Édith Cresson ne cachait guère son attitude négative envers l'Allemagne, de sorte que la participation à la Guerre du Golfe était critiquée même dans les rangs de la majorité mitterrandienne.

En 1992 avait eu lieu la nomination de Pierre Bérégovoy comme Premier ministre, puis la ratification par l'Assemblée Nationale du Traité signé à Maastricht, portant sur l'instauration de la monnaie européenne.

L'année 1993 voyait la victoire de la Droite aux élections législatives. Conformément à la durée des mandats, le Président nommait Édouard Balladur Premier ministre. La période où le Président et le Premier ministre devaient travailler ensemble jusqu'en 1995, est souvent appelée « la cohabitation de velours », pour rendre justice à leur façon de gérer ensemble les affaires de l'État.

---

[91] André Kasou, 2014

Au premier mai 1993 survenait le suicide de Pierre Bérégovoy, événement qui n'est toujours pas unanimement accepté en tant que tel.

Ensuite, l'élection de Jacques Chirac avait lieu le 7 mai 1995 ; la France perdait l'ancien Président français Mitterrand au début de l'année 1996.

Différents mouvements sociaux, des jeunes ainsi que des « sans papiers » avaient motivé la dissolution de l'Assemblée Nationale par Jacques Chirac, avant que la gauche plurielle ne remporte les élections législatives le 25 mai et le 1er juin, Lionel Jospin étant nommé Premier ministre.

En 1999 avait lieu également la ratification du Traité d'Amsterdam qui porte sur le principe d'une coopération judiciaire en Europe. Il nous semble que ce principe attend toujours des concrétisations.

L'année 1999 avait connu des moments dramatiques : le 24 mars, un grave incendie dans le tunnel du Mont Blanc avait coûté une quarantaine de vies, le 12 décembre le naufrage de l'Erika avait déversé 37000 tonnes de fioul sur les côtes bretonnes, et les 26 et 28 décembre les tempêtes Lothar et Martin avaient eu pour conséquence plus de 90 morts, sur les plages vendéenne et charentaise.

Néanmoins, un aspect positif de cette année fut l'adoption du PACS (Pacte Civil de Solidarité), une réussite pour la gauche après de très longues discussions.

Pour finir l'entrée dans le deuxième millénaire en France, l'année 2000 aura été une année sans élections et donc sans bouleversements politiques. Or, après l'élan d'unité de la gauche plurielle, les divisions se faisaient jour de nouveau ; en même temps, l'extrême droite avait du mal à se maintenir.

Le référendum sur le quinquennat du mandat présidentiel aura pour conséquence que le dernier septennat s'achèvera en 2002.

¤ Une seule Allemagne

Si les aspects politiques avaient dominé l'évolution immédiate, la situation économique occupait rapidement le premier plan. Dans l'intérêt des relations franco-allemandes, il est indiqué de poser quelques jalons.

L'Union économique, monétaire et sociale entrée en vigueur au premier juillet 1990 en Allemagne, était globalement accompagnée d'une dévaluation de 2 : 1 du Mark-Est au Mark-Ouest pour faciliter l'intégration des citoyens de l'ancienne RFA dans la société de consommation, alors qu'une dévaluation de 4 : 1 aurait été plus réaliste[92].

La situation était néanmoins problématique pour de nombreuses entreprises. En Effet, ce taux de conversion s'appliquait aussi aux dettes. Pour une raison technique, ces entreprises étaient très endettées, puisqu'elles avaient dû céder leurs bénéfices à l'État qui leur rendait les mêmes montants en tant que crédits de l'État. Or, après l'intégration, ces crédits étaient considérés comme des dettes pesant sur les entreprises.

Le traitement de ces entreprises intervenait de façon individuelle, en essayant de tenir compte du désenchantement des gestionnaires qui se considéraient

[92] Günter Naumann, 2018

souvent comme les victimes de l'adhésion à la RFA. La situation était meilleure pour des productions très spécialisées et traditionnelles autour des villes telles que Dresde, Leipzig, Chemnitz et Erfurt.

Or, les premières élections au *Bundestag* le 2 décembre 1990 avaient une portée non seulement politique, mais également émotionnelle. À la tête d'un gouvernement à dominante chrétien-démocrate (CDU), Helmut Kohl était élu Chancelier d'une coalition avec le FDP (démocratie libérale). Le choix de Berlin comme capitale avait été difficile, avec 338 voix contre 320 en faveur de Bonn. Les voix des cinq nouveaux *Länder,* Brandebourg, Mecklembourg-Poméranie-Occidentale, Saxe, Saxe-Anhalt et Thuringe y avaient joué un rôle décisif.

Ainsi, ce Chancelier qui avait réussi la réunification à un rythme surprenant, avait fait écrire à Jacques Attali, le conseiller du Président Mitterrand de 1981 à 1991 :

« *Rien de plus romanesque que cette superbe désinvolture d'éphémères maîtres du monde vis-à-vis de celui qu'ils prennent jusqu'au bout pour un politicien naïf et provincial, mais qui les berne tous au bout du compte ! »*[93] .

Par ailleurs, il est un fait que les efforts des différents gouvernements du Chancelier n'ont pas réussi à réaliser une véritable unité sociale ; même aujourd'hui, le marché de l'emploi reste plus faible dans les nouveaux Länder que dans les anciens.

En effet, l'afflux de plus de deux millions d'actifs vers l'ancienne RFA avait révélé les lacunes de l'édifice social, à commencer par le manque très important de crèches et

[93] Jacques Attali, 1995, cit. p. 14

de maternelles. D'où une nostalgie certaine des nouveaux arrivés qui admettaient certes la déchéance de leur régime, mais qui faisaient valoir qu'ils n'y avaient pas connu le chômage, et que les femmes ne s'étaient pas heurtées à des barrières en matière de travail qui leur semblaient ancestrales.

Or, en 1994 Helmut Kohl fut élu Chancelier pour la cinquième fois, cette fois-ci pour former une coalition CDU/FDP. En dépit d'une politique sociale plus dure, les succès se faisaient attendre, alors que le grand marché intérieur de 380 millions de consommateurs européens et le Traité de Maastricht dataient de 1993.

Les douze États membres de l'époque avaient ainsi renoncé à une partie de leur souveraineté nationale ; si le Président Mitterrand avait insisté sur ce point, son intention était avant tout de créer un lien très ferme entre l'Allemagne unie et l'Europe.

On doit retenir encore qu'en 1995 des troupes allemandes faisaient partie du contingent militaire de l'ONU combattant en Bosnie. La Cour constitutionnelle allemande avait en effet approuvé cette décision.

En 1998, la coalition « Rouge-Vert » était issue des urnes lors des élections législatives, et Gerhard Schröder (SPD) fur élu Chancelier.

Les efforts et les difficultés des gouvernements à venir feront l'objet du Chapitre IV, la césure ayant été placée au commencement du XXIe siècle.

Conclusion au Chapitre III

Cette conclusion n'est pas une prise de position, dans la mesure où elle pose des questions qui auront du mal à recevir une réponse.

Ce ne furent guère que l'Allemagne et la France dont les traversées de ce siècle avaient été un calvaire interrompu par trop de lueurs d'espoir trompeuses. Néanmoins, ces deux pays qui font l'objet de notre étude, ont été au front et dans les tranchées des malheurs qui frappèrent l'humanité, bien qu'il soit difficile de séparer les racines du mal, des excroissances toxiques.

On peut en effet s'étonner de la longue période de paix qui suivit la victoire allemande de 1871, pendant laquelle une France vaincue semblait quasiment s'incliner devant la perte d'une partie de son territoire. La vie publique était ainsi portée par une surprenante insouciance. En même temps, elle partageait l'envolée des innovations industrielles comme celle des arts, avec une Allemagne fière de ses acquis.

Le fanatisme meurtrier d'un seul homme avait déclenché l'inévitable jeu des alliances, et arraché l'Europe à un bien-être dont ne bénéficiaient certes pas tous les citoyens, mais qui semblait néanmoins être porteur d'une évolution stable et durable.

Or, la Première Guerre mondiale avait été le premier conflit des temps modernes où les États étaient devenus des acteurs, en appelant leurs peuples à considérer cette guerre comme la leur, au titre de la souffrance, certes, mais aussi en assurant le financement par l'impôt et par l'emprunt.

À la suite de la victoire des Alliés sur l'Allemagne, les déséquilibres des années 1920 se prêtaient par leur nature même aux influences néfastes du mouvement qui allait devenir « le Troisième Reich ».

Si à l'issue de la Deuxième Guerre mondiale la France comptait parmi les vainqueurs, comme en 1918, l'ambiance n'était pas à l'image de la victoire mais empreinte d'une morosité imputable, certes, à un manque de dynamisme de la Quatrième République, alors que l'Allemagne vaincue se relevait rapidement, du moins pour ce qui était de la RFA

Par ailleurs, la France n'avait pas été conviée à la Conférence de Yalta en 1944, et se sentait de ce fait traitée de « vainqueur de deuxième classe ».

Pour ce qui est de la réunification allemande, on aperçoit avec du recul, un concours de circonstances, en soulignant l'habileté diplomatique et l'ouverture d'esprit de l'homme d'État que fut le Président français Mitterrand, pour qu'une vision devienne une réalité.

Ainsi, l'effort d'entente l'a emporté sur la mémoire collective et individuelle douloureuse, de sorte que la France et l'Allemagne puissent affronter conjointement les défis du XXIe siècle, qui est désormais le leur.

CHAPITRE IV
LES JALONS DU XXIe SIECLE

Si le cataclysme des Twin-Towers du 11 septembre 2001 n'a pas impacté directement la France et l'Allemagne, au-delà des pertes humaines subies, il a frappé en profondeur les consciences, sachant que désormais pareille horreur pouvait se produire à quelque endroit que ce soit, et que toute prévention devait être conjointe. Devant cette toile de fond se situent désormais les orientations et les mesures prises, leur coordination allant au-delà de l'Europe.

Section 1 – Les Trajectoires

En Allemagne, la coalition « Rouge – Vert » à dominante social-démocrate allait durer de 1998 à 2005, le Chancelier Gerhard Schröder (SPD) ayant obtenu un deuxième mandat à l'issue des élections législatives. Les problèmes étaient nombreux : chômage en hausse, fort endettement de l'État à la suite de la réunification, des dépenses sociales élevées et une croissance assez modeste à l'exception des secteurs à forte composante d'exportation. La sortie du nucléaire et le développement des énergies renouvelables constituaient par ailleurs des défis nouveaux.

Au plan international, l'Euro avait été introduit au premier janvier 1999 au titre des règlements financiers, et les billets et pièces furent mis en circulation au premier janvier 2002[94].

[94] Les problèmes que pose l'Euro seront traités au cours de la Section suivante.

Sachant qu'en France l'orientation politique relève en premier lieu des Présidents, il s'avère que Jacques Chirac, assurant deux mandats (1995 à 2007) figure depuis de Gaulle comme « le plus sympathique des Présidents » dans l'opinion publique. Ceci est d'autant plus remarquable que dès son installation à l'Elysée il avait reconnu la responsabilité de l'État français dans la rafle du Vel' d'hiv' et dans la Shoah.

L'interdiction des essais nucléaires dès 1996 fut une initiative bien reçue en Allemagne comme par ailleurs dans le monde.

La dissolution de l'Assemblée Nationale et la victoire du PS en 1997 imposaient une nouvelle période de cohabitation. Comme il a déjà été dit, la limitation du mandat présidentiel à 5 ans devait empêcher de telles déconvenues à l'avenir.

La réélection de Jacques Chirac en 2002 contre Jean-Marie Le Pen (extrême-droite) était ensuite presque caricaturale (82%).

Le Président Jacques Chirac avait été le premier responsable politique européen à relever avec force les problèmes d'environnement, lors du Sommet de la Terre à Johannesburg (2002) :

« Notre maison brûle et nous regardons ailleurs. Nous ne pourrons pas dire que nous ne savions pas. Prenons garde que le XXIe siècle ne devienne pas pour les générations futures celui d'un crime de l'humanité contre la vie ».

En Allemagne, la gestion du pays fut désormais confiée à la Grande Coalition (2005-2009), étant donné l'échec relatif du SPD que ses électeurs n'avaient pas estimé assez à gauche, et qui devait composer le Bundestag conjointement avec les chrétiens-démocrates, le parti des écologistes et celui de l'extrême-gauche. L'élection d'Angela Merkel comme Chancelière constituait une certaine révolution sur l'échiquier politique : une femme venue de l'Est, une scientifique sans enfants et divorcée…

Pendant son premier mandat, elle allait être confrontée avec la crise financière mondiale de 2007-2008, suivie de la crise économique qui fut aussi celle de l'Euro. Or, dès octobre 2008 Merkel avait instauré une garantie de l'État pour les dépôts privés. En même temps, le Bundestag accordait une garantie publique aux banques en difficulté.

Pour écarter une crise d'endettement public, la réduction du déficit avait fait l'objet de l'introduction d'un mécanisme appelé « Schuldenbremse » (frein d'endettement), limitant l'endettement annuel net de l'État à 0.35% du PIB. Pour les Länder, l'interdiction est totale, des exceptions étant prévues en cas de catastrophes naturelles ou graves récessions.

En attendant, Nicolas Sarkozy avait accédé à la Présidence en 2007. Il aura à affronter la crise financière et économique dans la mouvance des *subprimes* aux États-Unis qui devenaient un ébranlement global. Or, avant de commenter ce contexte au plan international, certaines mesures de portée d'abord nationale méritent de figurer.

Dès 2007 fut votée la loi TEPA (Travail, Emploi et Pouvoir d'Achat), prévoyant l'exonération des heures supplémentaires et des cotisations sociales, ainsi que la suppression d'autres droits. La même année fut promulguée la loi sur l'autonomie des Universités dont l'interprétation politique fut très divergente.

Il faut retenir par ailleurs « Le Grenelle de l'Environnement » allant de 2007 à 2009 et s'adressant à la politique de l'énergie, des infrastructures et des transports. Si l'écho de cette initiative devait rester limité, on ne saurait dire autant de la loi faisant passer l'âge minimum de la retraite de 60 à 62 ans. On peut estimer que ce « pas en arrière » au plan social a contribué à l'échec du Président Sarkozy cherchant un second mandat en 2012.

Contrairement à l'évolution qui se dessinait en Allemagne, l'intégration des étrangers avait été rendue plus difficile depuis 2007.

En Allemagne, la Coalition « Noir-Jaune » (chrétiens-démocrates et libéraux) (2009- 2013) confirmait le mandat de la Chancelière qui pouvait ainsi maintenir sa politique de crise qui s'écartait de façon importante de celle du Président Sarkozy.

Rappelons le titre de notre étude : face à face ou la main dans la main? En effet, les initiatives françaises prévoyant un plan de relance et de sortie de crise sur la base de fonds souverains européens, ne rencontrèrent guère un écho favorable Outre-Rhin, la Chancelière redoutant une dérive des finances publiques qui dépasserait le cadre de légitimité démocratique valable pour l'ensemble des pays de l'Union européenne.

Ainsi, la France ne suivait pas la politique de rigueur adoptée en Allemagne, en refusant de relever les impôts, et en préférant le financement d'un déficit croissant par l'endettement, tout en maintenant sa politique de l'offre, comme le souligne S.Schirmann[95]. L'auteur précise qu'ainsi « la France et l'Allemagne affrontent la compétitivité internationale avec des modèles de régulation encore largement nationaux »[96]. Cette orientation française clairement libérale sera reprise dans le contexte du traitement du profil de l'Euro.

Les statistiques semblent donner raison à Angela Merkel, lorsqu'on retrace l'évolution du PIB en valeur sur la base d'une croissance en volume :[97]

Moyennes annuelles par périodes

1er trimestre 1995-3e - trimestre 2008
France 2,24%
Allemagne 1,63%[98]

4e trimestre 2008-2e - trimestre 2018
France 1,28%
Allemagne 2,00%

À la suite de déconvenues internes du PS, François Hollande fut élu Président en 2012, à cause de la déception d'une partie de l'électorat de la droite française, des résultats de la politique de la Présidence Sarkozy. À son arrivée à l'Élysée, François Hollande ne pouvait se douter que son mandat serait jalonné de cataclysmes. Dans l'immédiat, il s'agissait pour le Président socialiste d'inverser la courbe du chômage, ce qui s'avérait difficile

[95] Sylvain Schirmann, 2015
[96] Ibid. cit. p. 476
[97] Blog 'Capital', 05/11/2018

[98] La faible valeur s'explique par les dépenses liées à la réunification.

devant la nécessité d'écouter les doléances des entreprises, tout en visant une rigueur budgétaire.

Dans l'intérêt de notre sujet, il est ici utile de relativiser quelque peu les chiffres respectifs, pour la France comme pour l'Allemagne. Dans les deux pays, le chômeur est défini comme celui qui pendant la période de référence n'a exercé aucune activité. Interprétés ainsi, les indicateurs sont les suivants :

2011	Allemagne	5,86%	2012	Allemagne	5,37%
	France	9,2%		France	9,8%

S'il est indéniable que le chômage était alors (et est toujours) plus élevé en France, les chiffres appellent des corrections.

Pour ce qui est des femmes, elles travaillent en Allemagne en grande partie à mi-temps, et cessent volontairement de travailler après la naissance d'un premier enfant, puisque le haut niveau de vie fait que souvent la rémunération du partenaire suffit pour couvrir les besoins de la famille.

Par ailleurs, de nombreux emplois sont rémunérés à un niveau extrêmement bas, ces travailleurs pouvant espérer de bénéficier de différents programmes d'aide (« Harz » et similaires).

Sur la scène internationale, l'intervention au Mali en 2012 pour combattre les troupes islamistes, ainsi qu'en Centrafrique en 2013 avaient exacerbé l'opposition de droite et mal inauguré de l'accueil du Président. Les élections municipales de 2014 faisaient ainsi plonger le PS à un niveau qui rendait la politique de François Hollande encore plus périlleuse.

En janvier 2015, l'attaque de l'hebdomadaire 'Charlie Hebdo' menée par des Djihadistes avait coûté la vie à la plupart des membres de la rédaction, et le 13 novembre de cette même année 130 victimes étaient à déplorer lors des tueries de Paris et de Saint-Denis.

Il faut rappeler aussi l'attaque de Nice le 14 juillet 2016. Le Président Hollande avait ainsi été confronté avec des événements tels, qu'il est difficile d'imaginer comment il aurait pu consacrer tout son dynamisme aux programmes initialement prévus..

Le départ du gouvernement du ministre de l'Économie, Emmanuel Macron, en 2016, n'avait pas empêché le Président François Hollande de faire preuve d'élégance et de générosité ; en déclarant le 24 avril 2017 qu'il soutiendrait son ancien ministre lors du 2e tour les élections présidentielles.

En Allemagne, une nouvelle Grande Coalition (2013 à 2017) devait être formée, puisque les libéraux, membres de la coalition précédente, avaient récolté moins de 5% des voix et ne faisaient donc plus partie du Bundestag. Après de longues tractations, le SPD et la CDU avaient réussi à joindre leurs forces dans une coalition nouvelle, toujours avec Angela Merkel comme Chancelière, son taux de satisfaction issu des sondages d'opinion se situant à 80%.

Si l'Allemagne n'a pas connu pendant cette période des événements comparables à ceux qui avaient bouleversé la France, il faut mentionner des scandales économiques, à commencer par le comportement de l'entreprise Volkswagen et la manipulation des valeurs de gas-oil ('Dieselskandal'). D'autres cas de malhonnêteté dans le contexte de l'environnement s'étaient révélés par la suite. En dépit d'une justice agissant avec sévérité, la bonne santé économique du pays semblait imperturbable.

Qui plus est, dans le contexte des conflits armés dans les pays de l'Europe de l'Est et au Proche Orient, l'arrivée de plusieurs centaines de milliers de réfugiés en Allemagne a impressionné les autres pays d'Europe de l'Ouest, admiratifs devant l'accueil à la fois chaleureux et bien géré qui leur fut réservé par le gouvernement de la Chancelière.

Au cours des années précédant 2017, l'ambiance en France était devenue quelque peu morose, et l'opinion publique désabusée, ce qui devait grandement faciliter l'élection du Président Emmanuel Macron.

Même si en Allemagne l'environnement avait été plus calme, il faut signaler les violations des législations nationales et européennes, par de grands groupes industriels. Or, la réserve de confiance était telle que la réélection de la Chancelière en 2018 sur la base d'une nouvelle coalition SPD/CDU avait été obtenue facilement. Il était entendu qu'elle se présentait pour la dernière fois.

Section 2 - Les Présidences de la COVID

¤ Louanges et critiques

Lorsque Angela Merkel s'apprête à confier la gestion du pays à son successeur, les partenaires européens la félicitent à l'unisson de la façon dont elle a su mener quatre mandats pendant lesquels elle a travaillé avec quatre Présidents français.

Si néanmoins certaines réticences se font jour en Allemagne, elles proviennent surtout des milieux intellectuels. C'est ainsi que Jürgen Habermas[99] reproche à la Chancelière, pendant la crise financière comme pendant celle de la COVID, un manque de « grand strategy », ce que l'on pourrait traduire par le fait de se dépatouiller dans une situation du non-savoir.

On pourrait rétorquer qu'il semble difficile de se projeter au-delà du très court terme dans des situations aussi incertaines et subissant des influences guère saisissables, alors qu'une stratégie fait appel à un effort de prévision appartenant au long terme.

De façon plus générale, des voix se sont élevées pour mettre en doute le bien-fondé de l'aide en effet assez massive dont ont bénéficié les banques. Néanmoins, cette question n'est pas purement technique. Il est un fait que la grande peur d'un effondrement financier comme celui des années 1920 est toujours présente en Allemagne, mais que le rôle de Madame Merkel, « la mère protectrice », est reconnu et salué par la grande majorité des citoyens.

Sur le plan de la crise sanitaire, l'Allemagne était allée très vite en matière de vaccination, pour être rattrapée par la suite par les autres pays européens. Le reproche de l'imprudence et de la précipitation est ici le même qu'à d'autres occasions, lorsqu'il s'agit d'assumer un risque jugé très faible.

---

[99] Jürgen Habermas, 04-09-2021, Interview télévisée en Allemagne.

Par ailleurs, si on a pu reprocher à la Chancelière de ne pas avoir fait progresser les projets d'une défense européenne commune, les concertations avec les autres pays européens, y compris la France, ont démontré que si les problèmes techniques peuvent être vaincus, l'aspect politique reste délicat, y compris au sujet des ventes d'armes à des pays non-européens.

Le maintien de la souveraineté nationale s'oppose à l'idée d'une souveraineté européenne. Or, en matière monétaire les avancées sont importantes, ce dont il sera question par la suite.

Certaines critiques visant la Chancelière, prétendaient qu'Angela Merkel n'était pas une Européenne « de cœur », mais juste « de tête ». Son accueil du flot de réfugiés en 2015 semble s'inscrire en faux contre ce reproche[100].

En France, la situation a évolué de façon très différente. La période 2017-2018 avait été celle d'annonces faites au sujet des changements à intervenir pendant le quinquennat, en matière de législation du travail, fiscalité et taxes. La rupture macronienne ne devait pas se référer à un arbitrage gauche-droite, mais à l'instauration de mécanismes proprement innovants, sur la base de conceptions originales.

L'éruption de la COVID a bloqué des réformes projetées, pour cause de décisions à prendre immédiatement, parfois en 24 heures. Une fois les craintes concernant la vaccination assez largement apaisées, les progrès sanitaires devenaient rapides, de sorte qu'à ce jour

[100] Son exclamation « Wir schaffen das » (nous y parviendrons) reste dans les mémoires.

la population française est parmi les mieux protégées en Europe.

La confiance ainsi créée a conforté dans un premier temps une présidence qui par la suite s'avérait décevante, parce que dépourvue d'une orientation politique non-ambigüe. Cette déception sortait des urnes où, certes, le Président fut réélu, alors qu'elle devenait plus nette au moment des élections législatives, infligeant désormais au Président le dilemme d'une majorité relative.

¤ L'État et les partis

Avant d'examiner l'acquis au plan monétaire, nous voudrions consacrer une brève analyse à la nature même de nos deux États, la compréhension facilitant la convergence.

Si l'interprétation d'Emmanuel Todd[101] semble à première vue nous éloigner de l'actualité, le lien se révélera sans tarder.

Quel est en effet le profil du Président français ? Il est issu de ce que E.Todd appelle l'« aristocratie stato-financière ». Il s'agit d'un pôle étatique unique dans les démocraties modernes qui comprend non seulement l'Inspection des Finances, le Corps d'origine du Président, mais un ensemble plus vaste. Il s'agit de la haute bureaucratie qui englobe également le haut de l'appareil judiciaire.

La logistique du savoir-faire, les contacts hérités ou créés, conduisent à des réseaux dont l'inclinaison en faveur d'un candidat pour un poste de pouvoir est

[101] Emmanuel Todd, 2020

décisive, y compris celui de la Présidence du pays, et se situe au-delà des considérations de parti.

On peut ainsi attribuer la victoire du Président en 2022 au fait que « le vrai patron en France… est l'État libéré des partis… et devenu un acteur politique autonome »[102].

Désormais, le lien avec la pandémie devient évident : on a pu observer, surtout pendant la première année de la COVID, que lorsque dans l'entourage du Président ainsi que dans les cercles des conseillers scientifiques, la jungle des avis devenait étouffante, celui-ci prenait la main et surtout la parole de façon gaullienne, symbolisant ainsi l'État en acteur politique autonome.

Outre-Rhin, l'État ne tient pas son pouvoir d'une dynamique sociétale élitiste, mais d'une interprétation directe de l'étymologie grecque où « le pouvoir » (kratos) appartient « au peuple » (demos). Cette différence se trouve accentuée du fait que l'ensemble des structures sociales et sociétales a été bouleversé en Allemagne au cours du XXe siècle, alors que le profil de la France a été essentiellement maintenu.

Pour ce qui est des relations franco-allemandes, l'intérêt est naturellement très vif pour savoir comment se présentera le couple franco-allemand après les élections présidentielles. Soyons confiants en la volonté du couple de le rester!

Section 3 – L'Euro : Un Mal-aimé?

Alors que des courants de pensée en France comme en Allemagne réclament l'abandon de l'Euro et un retour aux

[102] Ibid., cit. page 231

monnaies nationales, il semble opportun d'en exposer le fonctionnement et de sonder les origines, pour esquisser les forces et les faiblesses.

*** Interprétation**

La méthodologie reconnue comme la plus objective pour donner une image juste de la monnaie de réserve qu'est devenu l'Euro, est celle du Fonds Monétaire International (FMI), qui publie tous les ans un 'External Sector Report', le dernier datant de 2020. Ce rapport représente une appréciation de l'évolution d'environ 50 pays sur le plan de leurs comptes extérieurs.

Le terme pivot qui accompagne ce Rapport est celui de REER (Real Effective Exchange Rate, Taux de Change Effectif Réel) ; sa définition est la suivante :

TCR (taux de change réel) = t (P_A/P_B)

t= taux de change nominal, à multiplier par le ratio des prix entre deux pays, A et B.

TCER (taux de change effectif réel) = la moyenne des TCR bilatéraux entre des pays A et B, ou tout autre pays, par rapport à chacun de ses partenaires commerciaux. Il s'y ajoute une pondération par les parts respectives des pays partenaires, pour éviter des distorsions.
On prendra en considération ici trois cas venant des statistiques du FMI, à savoir la Zone Euro dans son ensemble, la France et l'Allemagne.

Concernant la Zone Euro, le problème de départ est évident, dans la mesure où la Zone Euro joue ici le rôle d'« un pays » suivant la formulation précédente.

On pourrait estimer par ailleurs que le cas de la Zone Euro se situe plutôt en marge de notre sujet, mais le jugement que portent sur la Zone Euro les citoyens allemands et français fait partie des déterminants de leurs relations.[103]

Ainsi, le REER basé sur le CPI s'est apprécié de 2,1% en 2020, et le REER basé sur l'ULC de 2,0%. Les statisticiens précisent que ces chiffres masquent une forte hétérogénéité, avec une sous-évaluation de 9,2% en Allemagne et une surévaluation dans d'autres pays de taille différente. En conséquence, une surévaluation appelle un meilleur alignement des comptes extérieurs et donc une amélioration de la compétitivité, alors qu'une sous-évaluation nécessite un renforcement de la demande intérieure.

En résumé, et avant de traiter les cas spécifiques de la France et l'Allemagne, on constate donc une surévaluation du REER pour certains pays et une sous-évaluation pour d'autres. Ce qui signifie que l'Euro « coûte trop cher » aux premiers en étant « trop bon marché » pour les seconds.

En France, les deux indices susmentionnés se sont appréciés en 2020, le REER-CPI de 1, 0% et le REER-ULC de 61% par rapport à 2019. Pour 2020, les statisticiens du FMI estiment le REER surévalué de 6,00% à 10,00%, avec une moyenne de 8,00%. Cette dernière marge est large en fonction des ajustements nécessaires visant la COVID et les déplacements des dépenses imputables à cette circonstance.

---

[103] Par la suite, on utilisera les sigles en anglais, de sorte que CPI = consumer price index (indice des prix à la consommation) et ULC = unit labor cost (coût unitaire du travail)

Le déficit courant a été financé par l'endettement sous forme de titres étrangers (0,4% du PIB), d'autres flux d'investissement (2% du PIB) et des dérivés financiers (1% du PIB. Comme le signale le FMI, les investissements ont baissé, vers l'étranger ainsi qu'à partir de l'étranger.

Le FMI signale qu'en 2020 la France a procédé à des dépenses très importantes et primordiales pour le système de santé, et en aidant des entreprises et des particuliers. Dans un proche avenir, des efforts devront être faits, surtout pour sauver des vies et aider ceux qui ont le plus souffert de la crise.

Il est admis que l'incertitude est très grande à moyen terme. Si les déséquilibres persistent, il faudra poursuivre les efforts d'amélioration de la compétitivité en menant des réformes structurelles, tout en réadaptant les modalités de financement, une fois la crise vaincue.

Or, la France a perdu depuis le début des années 2020 un tiers de ses marchés d'exportation, alors que la part de l'Euro sur ces mêmes marchés d'exportation est restée relativement stable pendant cette période.

Un exemple quelque peu caricatural qui se rattache pourtant à ce qui précède, est ce que David Pujadas a appelé récemment à l'antenne « le syndrome de la ratatouille ». Il s'agit du fait que ce mets typiquement méridional est préparé aujourd'hui en grande partie avec des légumes importés, la plupart du temps moins cher que les produits français, s'il ne s'agit pas de produits déjà transformés.

Nous avons renoncé à détailler davantage l'interprétation du FMI pour ce qui est de la situation de la France :

les commentaires ne sont pas alarmistes, mais le pays est invité à procéder à des ajustements importants dès que l'état des lieux le permettra.

Nous savons que le profil de l'Allemagne est très différent. L'indice REER-CPI s'est apprécié de 1,3% par rapport à 2019, ce que les statisticiens attribuent surtout à l'appréciation de l'Euro par rapport aux monnaies des principaux partenaires commerciaux, donc surtout par rapport au dollar[104].

Ainsi, le REER est indiqué avec une sous-évaluation de 4,2 à 14,2%, la moyenne étant de 9.2%. Sur le plan des chiffres, on peut donc constater qu'en France comme en Allemagne, il n'y a pas eu de renversement des tendances, ce qui s'explique facilement par le fait que les deux pays ont eu la pandémie de la COVID-19 à affronter.

Selon le jugement du FMI, la position extérieure de l'Allemagne reste excessivement positive, puisqu'à la sortie de la crise l'essor du commerce de marchandises devrait plus que compenser une certaine faiblesse du secteur des services. Néanmoins, une demande intérieure vigoureuse pourrait signaler une certaine amélioration de l'alignement.

Comme l'Allemagne fait partie de la zone Euro, les experts du FMI soulignent à juste titre que le taux de change ne saurait s'adapter aux comptes extérieurs. Or, on peut s'attendre à une plus forte augmentation des salaires dans la mouvance du changement de gouvernement et donc par rapport aux partenaires de la zone Euro. Ceci

---

[104] L'External Sector Report ne mentionne pas d'indice REER pour l'ULC, mais la valeur ne devrait pas s'écarter sensiblement de la tendance générale en Allemagne.

devrait opérer un meilleur alignement en termes de compétitivité des prix dans l'union monétaire.

Néanmoins, des efforts supplémentaires seront demandés à l'Allemagne : plus d'investissement public et privé, des facilités financières sous forme de réductions fiscales, surtout pour améliorer le pouvoir d'achat des familles à revenu modeste.

Il faut néanmoins évoquer plus particulièrement le problème de l'épargne excessive. Il est un fait que la question des retraites se pose en Allemagne avec une grande acuité, ce qui a déjà conduit à un rallongement de la vie de travail jusqu'à l'âge de 67 ans. Cette mesure semble avoir été acceptée sans trop de heurts, grâce à la capacité persuasive de la Chancelière, mais elle n'est pas suffisante, étant donné la faiblesse de la natalité. Celle-ci explique donc le désir des citoyens allemands d'assurer eux-mêmes leurs retraites, sans pouvoir compter sur l'aide et le soutien des générations suivantes.

Quelques chiffres-clés pourront illustrer les différences entre les deux pays et jouer ainsi un rôle éducatif[105] :

Taux de fécondité en 2020
Allemagne 1,54 France 1,87%

Taux de chômage en mai 2021[106]
Allemagne 3,7% France 7,5%

Taux de pauvreté en 2018[107]
Allemagne 14,8% France 13,8%

---

[105] OBS, 16 septembre 2021, p.34
[106] Évaluation du taux de chômage pour l'Allemagne – cf. supra

Croissance du PIB en 2020
Allemagne 4,6% France 7,9%

Dette publique en % du PIB en 2021
Allemagne 70% France 118%

Trois références sont particulièrement intéressantes :

La part de l'industrie dans le PIB en 2020
Allemagne 26,2% France 16,3%

Le nombre de Brevets obtenus en 2019
Allemagne 46632 France 14103

Le nombre de robots installés par 10000 employés, en 2019
Allemagne 346 France 177

On constate que globalement les différences entre les deux pays ont augmenté, confirmant les données retenues et les commentaires du FMI. Néanmoins, il faut ajouter une réserve qui vaut pour les statistiques de tous les pays : la base du raisonnement est un panier de biens et de services qui ne saurait être modifié de façon continue. Or, des variations se produisent, entre les biens et services aussi bien qu'entre les biens échangeables et non échangeables. Néanmoins, dans le cadre de notre étude, les conclusions du FMI restent valables.

En Allemagne, les 16 années du règne de la Chancelière n'ont pas réussi à améliorer le bien-être d'un pourcentage non négligeable de la population, à cause de trop nombreux postes de travail très faiblement rémunérés.

---

[107] Le taux de pauvreté en France est stable depuis 2005, alors qu'en Allemagne il n'était que de 12,5% en 2005.

D'autre part, l'Allemagne est restée un pays industrialisé contrairement à la France où la part des services dans le PIB est importante, la valeur ajoutée étant ici plus faible que dans l'industrie.

Si par ailleurs le nombre de brevets est bien plus important en Allemagne, ceci reflète le poids des nouvelles technologies dans l'économie nationale.

Ce raisonnement vaut également pour les robots installés, bien qu'il faille ajouter une réserve : on entend souvent que les postes de travail perdus à cause de la robotisation, se retrouveraient ailleurs ou autrement ; ceci peut être le cas à plus long terme, mais il se pose alors la question des formations qui sera évoquée dans la dernière Section de l'étude.

Pour ce qui est des relations franco-allemandes, on peut retenir des reproches faits, de part et d'autre :

L'Allemagne invite la France à plus travailler, à être plus productive et de devenir ainsi plus compétitive, pour être en mesure de relever son niveau d'exportations.

De son côté, la France aimerait que l'Allemagne participe davantage à des grands projets communs. On estime aussi que la demande de consommation courante pourrait être plus ouverte aux produits français, étant donné que le niveau de vie est plus élevé en Allemagne.

Ces réflexions conduisent à l'évocation du bien-être dont l'échelle d'appréciation peut diverger des deux côtés du Rhin.

* Polémiques

La paternité de l'Euro est incertaine, de sorte que son éclosion a souvent du mal à être reconnue, et plus encore à être adoptée.

« L'Europe se fera par la monnaie ou ne se fera pas ».

Cette déclaration de Jacques Rueff, haut fonctionnaire et économiste libéral, date de 1949, alors qu'il dirigeait à la demande du Général de Gaulle un comité d'experts qui devait redresser l'économie de la France. Jean-Claude Trichet, le futur Président de la Banque Centrale européenne, parlait de lui comme d'un « visionnaire » de l'Europe à venir.

Peut-on dire que depuis l'Europe s'est faite grâce à la monnaie, et dans l'affirmative, quel est son profil ?

Il a déjà été dit que le Chancelier Helmut Kohl passait sur la scène internationale pour un provincial quelque peu malhabile, avant que les négociateurs des autres pays ne reconnaissent leur erreur. En fait, lorsque les critères de convergence du Traité de Maastricht avaient pris la forme du Traité portant sur l'introduction de l'Euro en 1999, les repères retenus étaient le respect d'un déficit public annuel de 3% du PIB, de 60% pour la dette publique et d'un taux d'inflation modéré qui fut fixé ultérieurement au niveau de 2%, par la Banque Centrale européenne.

Or, au cours des années 1990 le Mark se portait bien, à l'image de l'économie allemande dans son ensemble. Ainsi, lors les négociations dans le contexte de « Maastricht », le Chancelier aurait « monnayé » la participation allemande à la création d'une Europe monétaire, contre la réunification des deux Allemagnes.

Il faut alors faire état d'une affirmation qu'on trouve entre autres chez Emmanuel Todd[108], en ce sens que les Américains auraient « imposé » la réunification, alors que les Français n'en auraient pas voulu. Si le terme est peut-être trop fort, il est certain que devant les menaces de la guerre froide Washington avait tout intérêt à la constitution d'un front occidental fort et uni[109].

En France, il est vrai que les dirigeants d'entreprises s'accommodaient bien de deux concurrents Outre-Rhin, plutôt que d'un seul forcément plus présent. Or, le Président François Mitterrand avait tracé la voie en déclarant qu'il fallait suivre l'Histoire plutôt que de s'y opposer.

Il est vrai que les pourcentages en termes de dette et de déficit avaient été au départ imposés par l'Allemagne, mais les « circonstances exceptionnelles » justifiant leur non-respect devenaient rapidement la règle, suivant des interprétations parfois équivoques.

Il nous faut désormais affronter un véritable *embroglio* de polémiques s'adressant aux dettes publiques, à la souveraineté et donc à la monnaie, et à la démocratie ; nous les évoquerons en

gardant en ligne de mire les relations franco-allemandes.

---

108 Emmanuel Todd, 2020, p. 174

109 Le Plan Morgenthau de l'après-guerre voulait transformer l'Allemagne en une vaste plaine agrcole ;
Il avait été assez vite abandonné.

Or, si les décisions de la France et de l'Allemagne étaient certes primordiales, aucun des autres 17 pays membres de la Zone Euro n'avait été contraint de la rallier, de sorte qu'ils pensaient donc y trouver leur avantage.

¤ Le spectre de la dette publique

Il faut au départ évacuer une méprise qui hante les opinions, non seulement au 'café du commerce', mais aussi dans les discussions entre économistes, de sorte qu'une « dette » porte le stigmate d'une faute, d'une incapacité de gérer ses affaires correctement.

Ceci serait vrai pour les particuliers comme pour l'État qui devait se comporter « en bon père de famille ». Il peut suffire de rappeler que les États ont généralement une durée de vie dépassant de loin celle des particuliers, pour réaliser qu'un tel propos n'est pas pertinent.

Ainsi est montrée du doigt la vertueuse Allemagne dont la dette publique pour 2021 devrait se situer à 69% du PIB, et donc assez près des 60% postulés par le Traité de Maastricht, en dépit des bouleversements dus à la COVID, alors qu'elle serait de 115% pour la France dépensière. S'il n'est pas facile d'éviter des disputes essentiellement politiques, il faut faire appel ici à la politique économique qui sous-tend l'évolution des comptes publics.

En effet, depuis assez longtemps, la gestion du marché du travail est différente en France qu'en Allemagne. À part le fait qu'on travaille plus longtemps en Allemagne (jusqu'à 67 ans en règle générale) qu'en France (62 ans avec des régimes spéciaux multiples), le marché du travail Outre-Rhin est géré de telle façon qu'on préfère rémunérer un volant non négligeable de travailleurs à un niveau très bas, alors qu'en France on accepte un chômage de longue durée pour des personnes qui ne parviennent pas à se réinsérer dans le monde des actifs.

Par ailleurs, rares sont les familles allemandes des classes moyennes-supérieures qui ne détiennent pas d'actions. En effet, l'esprit d'entreprise privilégie la participation directe à la croissance, au soutien des finances publiques. Qui plus est, on se contente d'un niveau de dividendes se situant globalement à cinquante pour cent de celui que perçoivent les actionnaires français. Ainsi, l'État est moins sollicité pour procéder à des émissions en vue d'épauler la production, bien que cette argumentation se trouve quelque peu en recul du temps de la COVID-19.

On entend encore que sans le carcan de l'Euro il serait plus facile de gérer la dette française. L'Euro serait donc trop bon marché pour l'Allemagne et trop cher pour la France. Néanmoins, tout en acceptant une telle arithmétique, le besoin d'investissement, et donc d'émissions publiques en France, ne serait guère moins important sans l'Euro : on est même tenté de supposer l'inverse, à la lumière des projets industriels lancés conjointement avec l'Allemagne (cf. celui concernant les semi-conducteurs[110]).

Dans l'enchaînement de ces propos, l'opinion publique brandit l'idée que « la dette devra être payée par les générations futures ».

Or, il se trouve que c'est inexact[111].

[110] Solène Davesne, 2021
[111] Xavier Ragot, OFCE, 2021

En effet, comment ne pas accepter le raisonnement suivant :

Si le profil redistributif de la France est le plus marqué parmi tous les pays développés, la redistribution est essentiellement intra-générationnelle. Les épargnants prêtent à l'État qui va procéder en un temps t_0 à des investissements divers, allant de la formation et des aides aux familles pour favoriser la natalité, jusqu'à l'investissement industriel direct (cf. supra).

Qui plus est, la France comme l'Allemagne ont une natalité trop faible (<2), que la France cherche à compenser par des allocations, alors que l'Allemagne accepte plus facilement l'afflux de familles étrangères devenant en bonne partie des citoyens allemands. Cette politique date de 1961 et du Traité avec la Turquie, organisant l'arrivée de travailleurs « invités » (Gastarbeiter). Les entrepreneurs allemands ont très souvent voulu garder cette force de travail, en insistant auprès du gouvernement sur la réunion des familles.

Le raisonnement de l'article de l'OFCE s'appuie sur un héritage de la dette que la génération future présentera effectivement pour encaissement, augmenté des intérêts. Cependant, ces titres d'endettement ont fructifié entretemps, ils ont créé du revenu et donc favorisé la croissance sous les formes les plus diverses. La question essentielle est donc celle de savoir si ces gains se situent globalement à un niveau supérieur à celui des intérêts dus au titre de la dette. Aussi longtemps que subsiste cette relation, le raisonnement reste valable.

Néanmoins, au-delà de la question des taux, il existe une différence entre l'Allemagne et la France quant à l'*utilisation* de la dette : en résumant, s'il est vrai que l'Allemagne s'endette pour investir, la France s'endette pour consommer.

Est-ce un poids qui pèse sur les relations franco-allemandes ? On a l'impression qu'il s'agit d'une donnée structurelle considérée comme une fatalité; nous estimons que seul le relèvement du niveau de vie en France pourrait y remédier, en permettant d'ouvrir un espace au-delà de la satisfaction des besoins immédiats.

¤ Les plans de sauvetage de la Grèce

Ces différents plans de sauvetage initiés en 2010 ne sauraient être éloignés des relations franco-allemandes ; ils peuvent être considérés comme le germe de la mutualisation de la dette dans la zone Euro, même si ce terme rencontre à ce jour des résistances difficiles à vaincre Outre-Rhin.

En effet, il ne s'agissait pas de remplir les caisses vides du gouvernement grec, mais de permettre à ce pays d'emprunter à des taux estimés « raisonnables » sur les marchés financiers. Or, du fait de la dégradation de sa situation financière, la Grèce ne pouvait emprunter à un taux de 6% jugé « impossible » On ne saurait nier un certain flou dans le cadre de cette démarche, l'acceptabilité d'un taux d'intérêt dans certaines circonstances n'ayant jamais été chiffrée.

S'il est possible que d'autres membres de la zone Euro se trouvent un jour dans une situation aussi malencontreuse, le « modèle » de la Grèce a montré la façon de procéder. En effet, la question essentielle était celle de savoir qui accorderait les prêts, pour conforter le pays qui est le berceau de la culture européenne.

Le mécanisme était quelque peu complexe, dans la mesure où les prêts allaient être accordés pour les deux tiers sous la forme de prêts bilatéraux, et pour le dernier tiers par le FMI.

Or, au départ l'Allemagne de la Chancelière s'était dressée énergiquement contre les prêts bilatéraux. L'approbation des pays membres devant être unanime, chaque pays possédait donc un droit de véto.

Le compromis a finalement été rendu possible grâce à l'adhésion de l'Allemagne, dans la mesure où au plan technique une pondération avait eu lieu, des pourcentages étant attribués aux banques centrales nationales par la Banque Centrale européenne, pour ce qui était des deux tiers de la somme.

Le dernier tiers des prêts accordés à la Grèce l'a effectivement été par le FMI, alors que l'Allemagne aurait préféré qu'il en soit ainsi pour la totalité des prêts. Cependant, elle s'était heurtée au refus absolu de la France qui estimait qu'il se serait alors agi d'un aveu de carence de la part des institutions européennes.

Le nouveau Chancelier Olaf Scholz, social-démocrate, fera valoir son point de vue, mais il est certain que la question de l'équilibrage des relations entre l'Europe et le reste du monde sera toujours d'actualité.

Néanmoins, il est permis de penser que les négociations concernant la Grèce, et qui ont finalement abouti à un compromis, étaient une dispute entre amis, et qu'elles n'ont pas pesé à terme sur les relations franco-allemandes. En effet, ce « sauvetage » fut une œuvre commune!

À partir d'ici, on doit faire le lien avec la problématique économique, mais aussi philosophique de la souveraineté européenne.

Section 4 – Souveraineté et Démocratie

La disparition du symbole qu'est la monnaie nationale semble dure à admettre, puisqu'il s'agit d'intégrer l'idée qu'un partage peut ne pas être une perte. Ainsi, l'origine grecque du terme 'philosophie' nous montre la voie, la sagesse ayant conduit à l'introduction de l'Euro.

Dans le cadre de notre sujet, il convient alors d'analyser les interprétations différentes de la souveraineté, en Allemagne et en France.

* L'Allemagne : Une Souveraineté sans racines

Il a été dit que l'État allemand avait subi une déconfiture en 1945, après une présence de seulement 75 ans. Jusqu'en 1948, des zones d'occupation devaient exercer une gestion limitée à l'exercice d'un ordre fragile. La Loi Fondamentale, appelée d'abord ainsi pour signaler l'incomplétude de ce qui devrait être l'Allemagne, a gardé ce nom après l'intégration des nouveaux Länder en 1992.

On parle depuis d'un « ordo-libéralisme » qui s'éloigne de la conception (ultra) libérale anglo-saxonne, en soulignant les valeurs morales inhérentes au peuple allemand. L'important était de combler le vide engendré par le régime hitlérien qu'on ne saurait qualifier de souverain, tant il faisait preuve d'irrespect pour la souveraineté d'autres États.

L'ordre juridique émane de la Loi Fondamentale et ne tolère aucune action voulant lui porter atteinte, qu'elle vienne d'organes publics ou privés. Autrement dit, la majorité politique du moment doit s'y soumettre autant que les grands groupes industriels. Il est impérieux de respecter le cadre *institutionnel* du marché, sans laisser régner les *mécanismes* du marché, comme cela est le cas au Royaume-Uni et aux États-Unis.

« La stabilité de la monnaie est constitutive d'un ordre social qui transcende le politique »[112].

On ressent le désir très fort de « prendre racine », de les entretenir et de bénéficier ainsi de la confiance des autres.

*** La France : Une souveraineté révolutionnaire**

En France, la souveraineté possède un profil plus immédiat : la souveraineté est celle du peuple représenté par l'Assemblée nationale. Il suffit pour s'en convaincre d'évoquer les discours violents de Philippe Séguin dans l'Hémicycle dans le but d'empêcher l'adoption de l'Euro.

Comme l'exprime Michel Aglietta de façon plus technique, « Alors qu'en Allemagne, le suffrage universel découle du droit, en France, il institue le droit »[113].

Or, de part et d'autre, la souveraineté est un bien public ancré dans la loi constitutionnelle. Ainsi, les gouvernements en place ne sauraient parvenir à des compromis. Il faudrait une Assemblée européenne constituante qui semble exclue même à assez long terme.

---

[112] Michel Aglietta, 2015, cit. p. 34
[113] idem, 2015, cit. p. 34

*** Comment aider l'Euro?**

Ainsi, même si une souveraineté européenne sous l'égide de la France et de l'Allemagne semble hors de portée, le partage de la souveraineté monétaire tel qu'il est issu du Traité de Maastricht admet des avancées. Autrement dit, il faudra alléger le poids de l'incomplétude qui pèse aujourd'hui sur l'Euro.

Précisons d'abord que si la Banque Centrale européenne n'a pas vocation à être un prêteur en dernier ressort tel que les banques centrales nationales, cette « accusation » est en réalité battue en brèche par le fait que la BCE peut passer par le détour du marché secondaire, même si elle n'a pas le droit de paraître sur le marché primaire des titres.

Il nous semble que l'essentiel est ailleurs : sur le plan des fonctionnalités, la monnaie émise par la BCE a certes été « fédéralisée », mais l'essentiel de la monnaie créée dans la zone Euro revient aux banques privées. En cas de problèmes, comme au moment de la crise financière de 2007-2008, elles font appel aux États pour leur venir en aide, ce qui signifie évidemment qu'elles sont alors épaulées par des fonds publics.

La crise grecque a montré que lorsque les banques frappent en vain à la porte de leurs États respectifs, d'autres membres de la Zone Euro doivent prendre le relais. Ainsi, le renflouement des banques profiterait grandement d'une fédéralisation. Espérons qu'on y parviendra bientôt, puisqu'ainsi le sentiment d'un appauvrissement ressenti trop souvent en France comme en Allemagne, pourrait céder le pas à l'idée d'un progrès réalisé en commun.

À ce propos, il serait également utile de pouvoir convaincre l'opinion publique du fait que l'Euro « ne nous a pas fait les poches »[114]. Il s'agit de l'idée que la perte de la souveraineté monétaire se serait traduite par une perte de pouvoir d'achat. Or, les séries statistiques témoignent du fait que le partage de la nouvelle monnaie n'a pas engendré de tendances inflationnistes imputable à l'Euro pendant les 20 premières années de son existence.

En conclusion, et tout en admettant une certaine simplicité du propos, nous voudrions joindre la Chancelière qui avait déclaré un jour ceci :

« Il y a des hommes éclairés en France et en Allemagne qui ont dit que des pays qui ont la même monnaie ne s'enfermeront plus jamais dans des querelles. ».

*** Les Théories de la Démocratie**

Si nous n'avons pas voulu établir une véritable séparation entre ces théories, la raison en est qu'il s'agit moins d'un affrontement que de prépondérances diversifiées.

Cependant, en vue de l'interprétation de la démocratie, deux théories sont en présence : la théorie narrative et la théorie normative[115]. Or, même si cette juxtaposition ne signifie pas une séparation intégrale, les différences valent un exposé au titre des comportements.

Les théoriciens français privilégient généralement les théories narratives qui ne doivent pas être assimilées à des récits descriptifs. Elles ont en toile de fond des valeurs

---

[114] David Pujadas, LCI, 30 décembre 2021

[115] Rainer Rochlitz, 2004

évoquées par Max Weber et Raymond Aron. Ainsi, l'histoire de la démocratie française est ancrée dans la Révolution et nous renvoie aux réflexions qui ont accompagné le paragraphe portant sur la souveraineté.

Nous pouvons également évoquer la pensée de Pierre Rosanvallon [116]qui retrace « L'histoire de la représentation démocratique en France » (sous-titre).

(… en parlant des impatiences révolutionnaires…) : « Remonter dans le temps fait d'une certaine manière toujours croiser une déception plus ancienne »[117].

Devant ce vécu, la difficulté majeure consiste à « tenter de donner chair à la démocratie »[118].

Ainsi, Pierre Rosanvallon précise que les apories[119] de la démocratie n'apparaissent en France qu'après 1848, avec l'instauration du suffrage universel. En effet, jusque-là, « le peuple » était une fiction, un concept insaisissable. Par la suite, l'auteur entrevoit une période d'équilibre démocratique en devenir qui s'appuie sur l'émergence d'institutions et de procédures en mesure de donner un profil plus concret à la démocratie.

Cet équilibre semble rompu depuis les années 1970-1980, par un « épuisement » certain du cadre politique et une conciliation difficile entre le politique et le social, qui devra conduire à la recherche de voies nouvelles pour rester dans un cadre démocratique.

---

[116] Pierre Rosanvallon, 1998
[117] idem, 1998, cit. p. 12
[118] idem, 1998, cit. p. 23
[119] Aporie : Impossibilité de résoudre une question philosophique, à cause des contradictions inhérentes ou des concepts utilisés.

Or, on ne saurait négliger l'importance des théories normatives, dominantes en Allemagne comme dans le monde anglo-saxon.

Il faut alors évoquer John Rawls pour les États-Unis et Jürgen Habermas pour l'Allemagne. Rawls ne cherche certes pas à conférer à son discours une validité universelle, comme le font d'autres théoriciens de la théorie normative, mais il présente des principes de justice qui gouvernent le système politique américain et qui lui semblent les meilleurs tout système démocratique.

John Rawls admet que la démocratie telle qu'elle évolue en Amérique est inachevée, dans la mesure où elle ne respecte pas tous les principes qu'elle s'efforce de défendre.

Jürgen Habermas va plus loin, puisque sans se détourner véritablement du poids de l'Histoire, il considère la démocratie comme un « projet »[120] qui devra tenir compte des défaillances des modèles précédents.

Nous avons souligné à quel point Rosanvallon est soucieux de « donner de la chair » à la démocratie : nous voyons chez les représentants des théories normatives une sorte d'appauvrissement, leur propos étant trop tourné vers des problèmes procéduraux.

Ainsi, la critique essentielle des représentants des théories narratives tels que Pierre Rosanvallon et Marcel Gauchet se résume à une rationalité dont ils doutent. Le difficile équilibre entre la souveraineté collective et la liberté individuelle risque ainsi de rester perturbé, à l'image de ce que nous observons aujourd'hui, des dérives

[120] Rainer Rochlitz, 2004, cit. p.6

portant atteinte aux valeurs fondamentales menacées par une rationalité fallacieuse.

Comme le dit si bien Rainer Rochlitz[121], il faut empêcher que l'Histoire ne devienne « une errance anecdotique ou un simple chemin de croix ».

Qu'il nous soit permis de conclure cette Section, et plus particulièrement le propos concernant la Démocratie, par une remarque qui s'adresse à l'ensemble des sciences humaines :

La rationalité des acteurs dont doutent les tenants des théories narratives de la démocratie, est devenue une préoccupation majeure d'auteurs tels que Daniel Kahneman[122], étant donné une forte composante psychologique et donc comportementale, que nous rencontrons dans tous les chemins de la vie. On peut en espérer des orientations convergentes plutôt que des confrontations[123].

Section 5 – Panorama 2022

Sur un chemin à paver : L'aperçu comparatif des différents domaines d'activité en France et en Allemagne, mettra en relief les difficultés de la gestion administrative dans les deux pays ; vouloir les traiter ensemble paraît ambitieux mais désormais prometteur.

---

[121] idem, 2004, cit. p. 12
[122] Daniel Kahneman,, Olivier Sibony, Cass R. Sunstein, 2021
[123] Christine Galavielle, 2020

*** Les Länder : des États fédérés[124]**

Si les tentatives récentes d'opérer un certain rapprochement entre les Länder allemands et les Régions françaises nous paraissent très difficiles, la raison en est d'ordre historique, datant du Saint Empire et de la Confédération de 1815 qui avait fédéré 39 États.

Ainsi, la configuration géopolitique allemande est assez similaire à celle des États-Unis, abstraction faite bien entendu de la légalité de la peine de mort encore en présence dans certains États. Les Länder ont leur propre Constitution, des modes de scrutin différents, et déterminent de façon autonome la politique dans les domaines de leur compétence exclusive, à savoir la police, l'éducation, les affaires religieuses, sociales, sanitaires et culturelles, et celles qui concernent l'environnement, l'aménagement du territoire et donc désormais le climat.

En dépit de cette autonomie très étendue, y compris celle du financement, des situations conflictuelles par rapport à la Fédération (le Bund) peuvent surgir, comme on le verra par la suite. Ceci étant, le Bund est seul compétent pour ce qui relève de la défense, de la justice, de la politique monétaire et de la politique étrangère.

Les Länder sont représentés en fonction de leur population au Bundesrat (Conseil Fédéral), la deuxième Chambre du Parlement qui élabore la législation conjointement avec la première Chambre du Parlement fédéral, le Bundestag. La cohésion entre les Länder et le Bund est soulignée par des représentations institutionnelles de tous les Länder à Berlin, ainsi qu'à Bruxelles, auprès de l'Union européenne.

---

[124] Alternatives Économiques, 2014 (extrait audio 01/07/2014 – 9 min), n° 237)

*** Les Régions françaises : des opacités pyramidales**

Étant donné la faible autonomie des Régions françaises, il faudra se pencher sur l'aspect budgétaire, après avoir relevé les domaines de compétence considérés comme exclusifs, à savoir :

Le développement économique,
La gestion des programmes européens,
La formation professionnelle y compris l'apprentissage en alternance,
Les Lycées (construction, entretien et fonctionnement),
L'environnement et l'aménagement du territoire,
Les transports (gestion des ports et aéroports, transports routiers, Trains Express Régionaux).

Si les textes ne mentionnent pas explicitement les affaires culturelles, sociales et sanitaires, il est à supposer qu'elles s'intègrent dans « l'environnement » au sens le plus large, sachant qu'il règne à cet égard en France un flou de délégation qui fait souvent obstacle aux programmes communs envisagés entre la France et l'Allemagne.

Un Conseil Régional se trouve à la tête de chaque Région. Il concrétise l'action économique, à savoir la gestion des lycées et des transports ferroviaires dits « régionaux ».

Il est l'assemblée délibérative des Régions, composé des conseillers régionaux élus au suffrage universel tous les six ans. Cette structure reste néanmoins très en retrait par rapport à celle des Länder.

Concernant les compétences de l'État, de toute évidence, la Défense, la Justice, la Politique étrangère et monétaire lui appartiennent. En matière de Justice, les délégations des pouvoirs apparaissent comme moins différenciées dans les Régions qu'entre les Länder allemands.

*** La Dépense publique en France et en Allemagne**

Le lecteur comprendra aisément que des comparaisons directes et encore moins sectorielles soient exclues, en fonction d'une configuration bien trop différente entre les deux pays. Néanmoins, des juxtapositions résumées peuvent éclairer les difficultés d'harmonisation des dépenses budgétaires à l'intérieur des pays, ainsi que les problèmes de financement des projets communs franco-allemands présents et à venir.

Les chiffres qui suivent s'appuient sur les données pour l'année 2020, sachant que des corrections ont pu y être apportées en vertu de l'évolution de la situation sanitaire.

Ainsi, les Régions françaises disposaient en 2020 de 27 Mrd. d'Euro dont 25% destinés aux Transports et 17% à l'Enseignement, les deux plus grands postes des budgets régionaux. Les Recettes provenaient d'impôts locaux et autres, la dotation de l'État s'élevant à environ 7% de ces 27 Mrd.

Après certaines déductions, les ressources nettes de l'État étaient de 250 Mrd. d'Euro, les dépenses ayant été à 98% « relatives aux missions » en provenant pour 29% de la TVA, pour 25% de l'impôt sur le revenu et pour 13% de l'Impôt sur les sociétés.

En ce qui concerne l'Allemagne, il serait illusoire de vouloir commenter les pourcentages des dépenses, par Land et par secteur. Les ordres de grandeur peuvent en effet suffire pour mettre en relief des obstacles qui peuvent s'opposer à des réalisations souhaitées en commun par les deux pays, ainsi que les facteurs à même de les promouvoir.

Ainsi, le Budget du Bund était pour 2020 de 442 Mrd. d'Euro, alors que celui des 16 Länder s'élevait à 487 Mrd. d'Euro.

Devant l'impossibilité d'une analyse globale, il peut être éclairant d'examiner deux domaines essentiels pour la vie des citoyens, à savoir la Santé et l'Enseignement, avant de conclure par une évocation des voies tracées au titre du Traité d'Aix-la-Chapelle.

*** La Gestion de la Santé**

En France, la pandémie de la Covid-19 a donné lieu à une polémique sévère concernant l'état d'impréparation du pays à pareille calamité. On sait qu'entretemps, la France a rattrapé son retard et compte parmi les pays « les plus vaccinés » d'Europe.

Ainsi, pour échapper à des distorsions trop importantes, on se servira ici des statistiques pour l'année 2019[125].

On retient d'abord le fait que la dépense publique globale s'élève à 44,6 % du PIB en Allemagne, alors qu'elle se situe à 56% en France (OCDE 2018). À ce sujet, on entend souvent, de la part des responsables politiques,

---

[125] Countryeconomy.com ; respectivement pour l'Allemagne et la France

que plus de la moitié de ce que les citoyens « donnent », leur revient.

Bien que cette constatation soit exacte, une comparaison est plus éclairante lorsqu'elle s'adresse à des secteurs de l'économie.

En matière de santé, le tableau ci-après représente une juxtaposition.

Dépenses publiques en santé
2019

	Dépenses publiques en santé, % dépenses en santé totales	Dépenses publiques en santé (M. €)
Allemagne	84,60%	341.326,0
France	83,71%	225.627,4
	Dépenses publiques en santé (% PIB)	Dép. publiques en santé, par habitant
	9,90%	4.108€
	9,30%	3.355€

Il s'avère que le pourcentage de la dépense publique dans la dépense en santé totale est quasiment équivalent, ce qui vaut également pour les dépenses en santé en pourcentage du PIB.

En termes monétaires, la dépense publique en santé est supérieure en Allemagne, ce qui explique en partie par le nombre d'habitants : 80 Millions en Allemagne, 67 Millions en France. Par contre, la dépense publique en santé *par habitant* est nettement plus élevée en Allemagne, ce qui témoigne d'un niveau de vie généralement plus élevé.

Rappelons que dans les deux pays l'organisation des prélèvements est « bismarckienne » (cf. supra), de sorte que les cotisations à la fois patronales et salariales financent les versements ; la France avait adopté ce système en 1930, ainsi que progressivement d'autres pays.

À l'opposé, le Royaume-Uni, en s'appuyant sur le rapport Beveridge (1942) avait opté pour une protection minimale financée par le contribuable, l'idée étant de ne laisser aucun citoyen britannique ou résident tomber dans la misère.

Toujours est-il que chaque allemand peut choisir sa caisse d'assurance maladie obligatoire, alors qu'en France ce choix n'existe pas, puisque c'est le lieu de résidence qui détermine l'appartenance.

Il est certain que la complexité du système français que nous n'allons pas détailler ici, pèse sur la fluidité et donc l'efficacité du système des soins. Un exemple peut suffire : En Allemagne, les différentes Caisses négocient directement avec les médecins et les hôpitaux, ce qui serait impensable en France.

Néanmoins, on constate aujourd'hui dans la grande majorité des pays, la difficulté de maintenir le système des cotisations pour financer la protection sociale dans son ensemble, et ce pour deux raisons : la CSBM (consommation des soins et des biens médicaux) devient toujours plus coûteuse en vertu du progrès technologique, et la longévité croissante fait appel à une prise en charge plus prolongée de la population.

Les chiffres, bien que quelque peu anciens, témoignent ainsi d'un déplacement progressif vers la fiscalité en termes de prise en charge, y compris de la part du Royaume-Uni.

Le tableau qui suit démontre une convergence qui, pour ce qui est de la France et de l'Allemagne, ne saurait que favoriser les relations entre les deux pays, en termes d'entente et de projets communs.

Pays	Part des cotisations sociales dans le financement de la protection sociale en 1990	Part des cotisations sociales dans le financement de la protection sociale en 2003
Royaume-Uni	55%	48,9%
Allemagne	72,1%	63,7%
France	79,5%	67,1%

*** Les conceptions de l'Enseignement**[126]

¤ Quelques données

En Allemagne, la scolarité commence à l'âge de 6 ans et dure au moins 9 ans. À l'issue de la « Hauptschule »

[126] Martina Schüttler-Hansper, 2018

(École de base), les jeunes obtiennent un diplôme de fin d'études générales, et après la dixième classe le Brevet du collège, comparable au Brevet français. Néanmoins, sans être obligatoire, il est supposé que ceux qui quittent l'enseignement à ce stade vont suivre une formation professionnelle.

Les jeunes qui visent le Baccalauréat entrent alors au Lycée et obtiennent le diplôme donnant accès aux études supérieures après 12 ou 13 ans d'enseignement, suivant les Länder.

Or, en Allemagne la scolarisation est obligatoire, de sorte que les parents n'ont pas le droit d'assurer l'enseignement à la maison. Le législateur estime en effet que l'enseignement est le noyau de la mission éducative de l'État et ne saurait être confié à des particuliers indépendants, ni même aux parents.

Ajoutons que des efforts sont entrepris actuellement en France, avec l'objectif de réduire de façon importante le pourcentage d'enfants non-scolarisés, pour n'admettre cette façon de procéder que dans des cas exceptionnels (morbidité précoce).

Au niveau des études supérieures, il existe certes en Allemagne des centres d'enseignement spécialisés et divers dans les Länder, mais point de « Grandes Écoles » élitistes comme en France.

Quant à la Coopération franco-allemande, de nouvelles avancées ont été initiées en 2021[127], visant la Formation, l'Enseignement et la Formation professionnelle. Lors de la 8e Rencontre entre les ministres de l'Éducation des Länder

[127] Coopération Franco-Allemande (education.gouv.fr), 2021

allemands et les Recteurs des Académies françaises, les décisions suivantes sont à signaler :

- Parmi les Campus des métiers et des qualifications français, et les écoles professionnelles allemandes, trois expérimentations sont initiées dès 2021 :

* Le Campus des métiers de l'Aéronautique de Marseille s'associe à une école professionnelle en Rhénanie-du-Nord-Westphalie ;
* Le Campus « Lumière intelligente et solutions d'éclairage durables » de Lyon s'associe à la Berufsschule (École professionnelle) d'Offenburg dans le Bade-Wurtemberg ;
* Le Campus « Tourisme et Innovation » des Hauts-de France s'associe au Lycée hôtelier de Bonn en Rhénanie du Nord-Westphalie.

Lors de cette rencontre, des avancées furent également réalisées en faveur de l'apprentissage de l'allemand et de la mobilité des professeurs :

* Création d'un deuxième Lycée franco-allemand (LFA) à Strasbourg. Ce second établissement comportera en outre le collège Vauban, également bilingue (ouverture dès la rentrée 2021).

Les collectivités territoriales ainsi que les Länder ont contribué de façon importante à cette réalisation.

Un premier LFA existe à Buc, dans l'académie de Versailles, depuis 50 ans ; son cursus sera très rapidement complété.

Il existe trois LFA en Allemagne, à Sarrebruck, Fribourg et Hambourg.

L'Accord sur l'« Abibac » a été renouvelé ; actuellement, environ 3000 élèves de part et d'autre de la frontière obtiennent ainsi chaque année l'Abitur allemand simultanément avec le Baccalauréat français.

Une ambition particulière des lycées bilingues est la conception de programmes d'histoire communs, qui fera appel à une objectivité désormais demandée aux experts en la matière.

Enfin, la mobilité des futurs professeurs bénéficiera des Projets de coopération renforcée entre les Instituts du Professorat et de l'Éducation (INSPE) d'Aix-Marseille, de Caen, de Reims et de Strasbourg, qui établiront des liens avec leurs partenaires allemands grâce à une forte augmentation des Crédits ERASMUS.

Nous sommes en droit d'espérer que l'ensemble de ces efforts gagnera une place permanente dans les relations franco-allemandes.

¤ L'Enseignement et la Laïcité

Si les développements récents des relations franco-allemandes sur le plan de l'Enseignement sont intéressants, il ne faut pas pour autant faire abstraction d'une composante qui fait partie du cadre de l'apprentissage du savoir, c'est-à-dire la question de la laïcité

À cet égard, il existe en effet des différences importantes entre les deux pays, qui méritent d'être soulignées.

Commençons par les statistiques : en Allemagne, 9% des jeunes scolarisés sont intégrés dans des instituts d'enseignement privé, alors qu'en Franc ce sont 17%. Or, si les programmes d'enseignement ne permettent pas toujours des conclusions quant aux contenus, on peut estimer qu'en France l'enseignement privé est essentiellement dispensé dans le cadre de la foi catholique, alors qu'en Allemagne l'orientation vise plutôt un savoir d'excellence.

Dans les deux pays, l'enseignement privé est payant, alors que l'enseignement public fait partie des missions des États, bien que sous des formes de délégation différentes.

Or, si en France près d'un cinquième des parents confient leurs jeunes à des institutions majoritairement religieuses, il faut poser la question de la position de l'État par rapport aux cultes.

On peut en effet supposer que des citoyens qui vivent leur foi au quotidien, considèrent que cette séparation telle qu'elle existe en France, est contraire à leur souhait de l'accompagnement de la vie publique par les principes des différentes religions.

On peut citer à cet égard un article paru dans le quotidien La Croix[128] titré « En Allemagne, les Églises sont partenaires de l'État », l'auteur reconnaissant que ce serait inconcevable en France. De la même façon, Thierry Rambaud [129]qualifie le régime allemand, né sous la République de Weimar en 1919, de « séparation-coopération ».

La laïcité « à la française » se trouve entérinée dans la Loi de 1905, témoignant de l'héritage révolutionnaire, au-delà des vicissitudes de l'Histoire.

---

[128] Delphine Nerbollier 09-12-2017
[129] Thierry Rambaud, 2012

Cependant, une particularité doit figurer ici : elle concerne les trois départements du Haut-Rhin, du Bas-Rhin et de la Moselle, où est toujours en vigueur le Concordat napoléonien de 1801, conclu dans un souci de pacification avec le Pape. Or, en 1905, ces trois départements étaient toujours allemands, et à leur retour en France après 1918 ils ont gardé le statut conféré par le Concordat, avec notamment une rémunération des pasteurs et des prêtres par l'État (et depuis 1830 des rabbins).

Le retour de ces départements dans le régime général de la laïcité à la française pose toujours un problème[130], dans la mesure où il est défendu au titre de l'appartenance à la nation française, mais rejeté par les défenseurs d'une tradition à laquelle semblent être attachés les citoyens.

À ce stade, et avant de clore ce paragraphe, l'auteure ne saurait se priver d'un commentaire signalant le mode de fonctionnement de la laïcité à l'allemande : dans la plupart des écoles publiques, l'enseignement religieux fait partie du programme, alors qu'un crucifix orne des salles de classe et même des salles d'audience des tribunaux dans de nombreuses villes du Sud. En Bavière, on ne se souhaite pas une Bonne Journée, mais on salue le Seigneur (« Grüß' Gott »).

Dans le contexte des relations franco-allemandes, il ne s'agit certes pas de prendre parti, mais de reconnaître l'importance des différences, et de faire appel à un effort de compréhension.

Pour clore ce commentaire volontairement très détaillé, le réalisme de la volonté de convergence ne saurait que

---

[130] Thierry Noisette,, 28-01-2021

bénéficier des chiffres que comporte le tableau qui suit. Sa composition s'est avérée possible en dépit des très fortes différences structurelles entre les deux pays[131]

Dépenses en Éducation - 2018

	Dépenses en Education (M. €)	**Dépenses en Education (% Budget)**	**Dépenses en Education (% PIB)**	**Dépenses en Education par hab.**
Allemagne	**167 .576,8**	**11,23%**	**4,99%**	**2.021€**
France	**127.929,8**	**9,72%**	**5,41%**	**1.898€**

Ces données nous dirigent vers une coopération renforcée et réaliste, en reconnaissant une philosophie historiquement différente.

¤ Les systèmes éducatifs

Sous ce titre modeste nous trouvons une contribution de Robert Picht qui dessine de façon magistrale le fossé d'ordre philosophique qui sépare sur ce plan la France de l'Allemagne.

Les difficultés que posent les traductions des termes « Bildung » et « Erziehung » face à la « Culture générale »

[131] Countryeconomy.com

et la « Civilisation » abondent dans la littérature linguistique. Or, pour dépasser le stade de la saisie des mots et de leurs origines, il est instructif de relire « *L'Éducation sentimentale » de Flaubert* et s'incliner devant la déception des révolutionnaires de 1848. En Allemagne, le *Wilhelm Meister* de Goethe, fait suivre les « années d'apprentissage » par les « années de voyage », ouvrage centré sur le personnage du jeune homme à la recherche de son chemin.

Contrairement à ce que pourraient suggérer les titres respectifs, ces ouvrages classiques nous offrent des expériences plus collectives en France qu'en Allemagne, où une diversification voulue par l'Histoire, a conduit à une « Bildung » qui a du mal à se retrouver dans la « culture » française.

Nous avons insisté au cours de notre étude sur la richesse que constituent pour la France ses racines révolutionnaires de 1789. L'Allemagne n'a pas connu un tel recours unifiant, ce qui explique encore aujourd'hui l'organisation très différente de la vie des jeunes.

L'uniformisation linguistique et culturelle napoléonienne a conduit à une centralisation culturelle, ou si on veut être quelque peu sévère, à un « formattage », qui décide des hiérarchies professionnelles et sociales de chacun.

C'est ainsi que « L'Encyclopédie des Lumières » souligne de façon on ne peut plus explicite, l'importance de l'éducation des jeunes, pour qu'ils deviennent des individus d'abord utiles à l'État et à la société en y trouvant leur estime ainsi que leur bien-être.

En Allemagne, la *Bildung* visait d'abord la libération des générations montantes, des contraintes pesant sur les citoyens des *Zwergstaaten* (États nains) dont le nombre était de 39 à l'issue du Congrès de Vienne.

À Berlin, von Humboldt avait pu créer une Université en 1810, en tant que symbole d'une recherche idéaliste et humaniste. Le jour de la fondation, il déclarait « … à mon avis, l'éducation la plus libre de l'homme, une fois écartés les principes bourgeois, devrait progresser partout dans le monde… » (cité par Pecht, p. 506).

Certes, les régions et désormais les Länder se sont rapprochés et le succès scolaire s'est imposé dans une certaine mesure devant l'idéalisme de jadis. « Mais le lien des diplômes à la carrière professionnelle, ainsi que de l'école à la société, est loin d'être aussi étroit qu'en France » (cité par Pecht, p. 505).

Le fait que les petits Allemands ne passent que des demi-journées à l'école, signifie bien davantage qu'une organisation différente. L'influence des familles est ainsi plus forte, et le mode de communication différent.

Ce mode de vie se répercute plus tard au niveau de l'activité professionnelle. En effet, moins de formatage signifie plus de place pour la réflexion individuelle, appréciée par le Management allemand. Ainsi, même aujourd'hui, on retrouve les idées de von Humboldt dans cette société si différente de la nôtre.

Pecht résume ces différences de la façon suivante : « Le système français forme à la pensée stratégique, très synthétique, et l'allemand à la patiente accumulation de performances spécialisées » (cité par. Pecht, p. 508).

Nous avons pu constater que la coopération franco-allemande conduit actuellement à un examen approfondi de ces questions au XXIe siècle, de sorte que les deux systèmes puissent, sinon s'unir, du moins se rapprocher, en matière d'éducation et de formation, pour le bien de l'individu et de la société.

*** Le Traité d'Aix-la-Chapelle**

Ce Traité, entériné par l'Assemblée Nationale et le Bundestag, le 22 janvier 2018, se situe dans le prolongement du Traité de l'Élysée de 1963, en visant le renforcement de la coopération franco-allemande dans tous les domaines.

La Chancelière allemande Angela Merkel et le Président français Emmanuel Macron ont en effet estimé nécessaire d'éclairer sous un jour nouveau les intentions jadis retenues, pour tenir compte de l'évolution qui a eu lieu depuis deux générations.

Ainsi, nous voudrions insister ici sur trois articles du Traité qui nous paraissent être d'une importance primordiale, et où les obstacles à vaincre se manifestent différemment dans les deux États.

L'article 16 insiste sur la nécessité « de faciliter la mobilité transfrontalière en améliorant les interconnexions numériques et physiques entre eux, notamment les liaisons ferroviaires et routières… ».

Certes, la tâche est lourde, mais les problèmes qu'elle pose en France sont connus de longue date et nous ramènent au partage des compétences souvent peu satisfaisantes entre l'État et les Régions[132].

La rencontre entre les Présidents des Conseils Régionaux et le Premier ministre Jean Castex, a démontré que la mobilité constitue toujours la pierre d'achoppement essentielle. Les représentants des régions ont fait valoir que les collectivités territoriales sont les plus durement frappées par la crise sanitaire ; ceci est dû à la forte dépendance conjoncturelle des recettes, surtout en ce qui concerne le rail.

Dans ce contexte, les responsables des Régions ont souligné la nécessité d'une participation accrue de l'État. La Présidente de la Région Île-de-France, Valérie Pécresse, a fait valoir notamment que les États voisins ont déjà procédé de la sorte.

Les rédacteurs du Traité ont ensuite retenu « la nécessaire individualisation des parcours des demandeurs d'emploi » (p.3 du Traité). La situation actuelle conduit ainsi à un manque de qualifications et de compétences.

Les questions évoquées par la « bpb »[133] dans l'article « Verkehrspolitik » (politique des transports) restent d'actualité et tiennent compte du cadre ordo-libéral de la RFA.

Ainsi, le Bund répond des voies de communication nationales et inter-régionales dans leur ensemble, alors que les Länder et les Communes se voient confier les voies de communication régionales des districts et des zones rurales.

---

[132] LE MONITEUR, 2021, 2162072

[133] Bundeszentrale für politische Bildung, 2016

Néanmoins, « l'intervention du Bund sur le plan des transports sont justifiées par l'argument que la libre concurrence dans ce domaine entraînerait au plan de l'économie globale des résultats indésirables et antiéconomiques, comme par exemple le nécessaire maintien des petites lignes non rentables avec une prise en compte insuffisante de certaines régions surtout rurales »[134].

Il se dégage de cette juxtaposition des réseaux des transports une impression plus harmonieuse de la coopération interne en Allemagne qu'en France.

L'article 18 du Traité insiste sur la nécessité d'une coordination dépassant le contexte franco-allemand, dans tous les domaines, en vue de l'intégration de la protection du climat dans les projets économiques, « notamment par des échanges transversaux réguliers entre les gouvernements dans des secteurs clés »[135].

Si cet article semble viser une progression harmonieuse allant vers des horizons communs, il ne mentionne pas précisément des domaines conflictuels tels que la décarbonatation, la gestion de l'hydrogène et d'autres questions en matière de besoins énergétiques, qui étaient pourtant bien connus au moment de la signature du Traité. Les divergences de vues concernant l'énergie nucléaire sont d'une actualité particulière en cette année 2022.

L'article 21 évoque la transformation numérique sous toutes ces formes, y compris l'intelligence artificielle et l'innovation de rupture ; comme le dit le texte, « les

---

[134] Idem, art. cité, p.1, traduction par l'auteure.
[135] Dernière phrase de l'article 18 du Traité.

initiatives franco-allemandes… sont ouvertes à la coopération au niveau européen ».

Nous rencontrons ici un souci d'indépendance européenne par rapport aux États-Unis, qui évoque sans que ce soit dit explicitement, la peur d'une perte de souveraineté européenne. De façon très directe, on pense à la pénurie actuelle en matière de semi-conducteurs (cf. supra), outils requis de façon quasiment universelle. Des projets et programmes feront appel à un financement commun que l'article 21 ne néglige pas de mentionner.

Conclusion au Chapitre IV

À la suite des mandats du Chancelier Helmut Kohl, l'essor de l'Allemagne réunie portera pour toujours l'empreinte du « règne » de la Chancelière Angela Merkel. Elle a su, à travers les coalitions changeantes et les crises financières et monétaires, donner un renouveau et une dignité retrouvés à un pays dont les citoyens avaient honte d'appartenir après 1945.

Les responsables politiques français, de Droite comme de Gauche, ont réussi à approfondir la coopération franco-allemande, et de lui donner un profil partagé.

Ainsi, en dépit des interrogations et même des désaveux dont la monnaie commune, l'Euro, a été victime pendant les deux premières décennies de son existence, son rôle devrait être éducatif et stimuler sur le plan de l'économie française, les efforts de productivité et d'investissement.

Nous avons par ailleurs constaté que la souveraineté et la démocratie font l'objet d'interprétations différentes, non seulement entre les deux pays en termes de politique, mais également chez les philosophes de chaque pays. Or, ce qui importe est un socle fiable de valeurs partagées, au-delà du poids de l'Histoire.

À ce jour, les projets et aspirations de la coopération franco-allemande souffrent encore de l'impact de la pandémie, mais il importera de voir au-delà et de poursuivre le rapprochement engagé depuis plus d'un demi-siècle.

CONCLUSION GENERALE

Si nous avons consacré un chapitre au Saint-Empire romain, il était essentiel de retenir d'abord la formule longtemps immuable qui voulait qu'il s'agisse du « *Saint-Empire romain de nation allemande* ».

Lorsque le Saint-Empire prit fin en 1806, l'appartenance impériale n'était déjà plus qu'une abstraction [136]désignant un ensemble composite de Monarchies et de Républiques, l'identité allemande ne pouvant plus faire appel à une communauté institutionnelle ou spirituelle. Pour être exact, on ne peut donc pas dire que Mozart était Autrichien, puisqu'il était un sujet de l'Archevêque de Salzbourg.

Le refus dédaigneux napoléonien de conférer à cet ensemble hétéroclite la reconnaissance d'une nation, s'inscrit dans cette ambiguïté.

Conscients de cet émiettement et désireux de l'interpréter de façon positive voire flatteuse, des intellectuels germanophones se disaient appartenir au peuple des Poètes et Penseurs (« Volk der Dichter und Denker ») qui devenait au fil du temps celui des arts et des sciences de la Renaissance. Ils invoquaient une communauté ethnique, dont l'interprétation néfaste allait conduire à la perte de toute estime pour ce peuple au XXe siècle.

Citons à cet égard Gert Krumeich[137] : « … 1945 était pour l'Allemagne une véritable 'année zéro', et la

[136] Jean-Luc Évard, 2002
[137] Gert Krumeich, 1997, cit. 148

possibilité d'entamer des relations avec la France sans de nouveau se cacher dans l'ombre du passé ».

Par ailleurs, de nos jours des historiens allemands tels que Günter Naumann, souvent cité dans cette étude, prennent leurs distances par rapport à la formule invoquant la « nation allemande » dans le contexte du Saint-Empire, en citant « das alte Reich » (l'Empire ancien), visant le désir d'archiver une terminologie dépassée.

Ainsi, « l'Empire ancien » nous a fait partager l'héritage des Lumières, mais cette sécularisation, tout en permettant l'émergence d'une communauté intellectuelle, portait également en elle les germes des idéologies nationalistes[138].

En effet, une interprétation des « Lumières » et de la « Aufklärung »[139] ne permet pas une juxtaposition. On constate d'abord un sentiment de supériorité du côté français, allant de pair avec un complexe d'infériorité Outre-Rhin. Or, il faut imputer ce véritable malaise largement partagé à l'époque, à la parcellisation non seulement politique, mais du cadre de vie dans son ensemble, et ce bien au-delà du XVIIIe siècle.

On comprend aisément les thèses de Gusdorf qui cite Frédéric II et Goethe comme témoins de leur temps. Ils insistent en effet sur le retard qu'avait pris l'évolution de l'Allemagne au plan culturel par rapport à la France. C'est donc l'absence d'une mémoire collective culturelle qui explique le sentiment d'indigence intellectuelle. Or, de façon plus positive, Emanuel Kant a affirmé que « Les Lumières » signifiaient un état de fait, alors que la

---

[138] Éric Suire, 2013

[139] Georges Gusdorf, 1997

« Aufklärung » s'adressait à une situation recherchée et à venir, « une marche vers la lumière »[140]

Or, si la France était certes une nation née de la Révolution de 1789, l'Histoire est éloquente quant aux déchirements subis : la Restauration des Bourbons fut suivie de 1830 à 1848 par la Monarchie de Juillet, puis par la Deuxième République sous Louis Napoléon Bonaparte et le Second Empire jusqu'en 1870.

Néanmoins, si la France devenait alors définitivement une République, on doit rappeler que la IIIe République a connu 14 Présidents jusqu'à la fin du siècle, d'Adolphe Thiers jusqu'à Félix Faure. On est ainsi en droit d'estimer que cet enchaînement reflète l'affaiblissement d'une nation qui se voulait inébranlable mais dont le pouvoir politique était en proie à des forces empêchant un véritable essor.

De toute évidence, toute comparaison avec l'Allemagne souffre de la disparité profonde des structures jusqu'en 1871. Ainsi, il n'est donc guère possible de se prononcer au sujet du niveau de vie, au plan culturel ou matériel, dans son ensemble. On peut néanmoins remarquer, sur la base des documents de l'époque, que dans le Duché de Bade et le Royaume de Saxe, les aspirations des citoyens furent davantage prises en compte qu'en Prusse, où un militarisme et un nationalisme autoritaire cherchaient à s'imposer dans l'ensemble des régions de langue germanique.

Or, bien avant la création du Reich, le capitalisme naissant se manifestait en Allemagne comme en France, le *Zollverein* voulant compenser l'unité douanière créée dans

---

[140] Idem, cit. page 173

le Royaume de France. En effet, les intérêts économiques se sont imposés bien avant l'unité politique : il est permis de jeter un pont jusqu'aux rivages du XXe siècle finissant, lorsqu'un dicton mi-jaloux et mi-admiratif voulait que l'Allemagne soit déjà un nouveau géant économique, alors qu'elle était encore un nain politique.

Les débuts du capitalisme avaient leurs défenseurs et leurs contestataires, de sorte que la Loi de Say peut être considérée comme la première manifestation de la théorie de l'offre, chaque offre étant censée créer sa demande. De l'autre côté du Rhin, les premiers grands groupes nés de la première Révolution industrielle, n'avaient que des regards condescendant pour les *Kathedersozialisten* (les socialistes de la chaire) tels que Gustav Schmoller, qui défendaient les intérêts des « masses », sans pour autant s'inscrire dans la mouvance marxiste, et ce bien au-delà de la création du Reich.

Plus tôt dans le XIXe siècle, Claude-Henri de Saint-Simon avait plaidé en France pour une orientation plus humaniste du progrès technologique. Par la suite, Max Weber, tout en défendant le capitalisme, avait cherché une orientation quelque peu originale, en mettant entre parenthèses la situation présente des laissés pour compte, et en défendant la rationalité qui finirait par améliorer le sort de tous.

Les vifs échanges d'idées théoriques peuvent néanmoins être ramenés à un dénominateur commun entre la France et l'Allemagne naissante, fût-ce en pointillé : les événements de 1830 et 1848 avaient leurs racines dans le Révolution de 1789. Alors qu'en France ces mouvements restaient dans l'essentiel inscrits dans le cadre national, en

Allemagne leur influence s'étendait bien au-delà de la sphère proprement germanique, notamment vers l'Est.

Que dire de l'ère bismarckienne? Nous avons insisté sur le fait qu'il ne fallait pas voir en cet homme d'État un bienfaiteur des masses. Sans être économiste, il était conscient de l'influence des thèses marxistes qu'il fallait combattre, très rapidement après la création du Reich, et également en France, où la IIIe République était désormais aux prises avec un vainqueur impénitent.

Ainsi, les relations franco-allemandes pouvaient désormais s'identifier clairement, dans le cadre de la juxtaposition de deux États, les peuples ayant espéré en vain une paix durable.

En dépit des efforts de conciliation entrepris par des humanistes éminents et souvent amis, des deux côtés du Rhin, et à la suite de deux guerres mondiales déclenchées par l'irresponsabilité des instances politiques allemandes, le pays aurait pu se trouver pendant longtemps dans l'état de déconfiture dans lequel il était tombé. Si ce ne fut pas le cas, les alliances vite rétablies en vertu de la guerre froide, avaient fait converger la France comme l'Allemagne de l'Ouest vers la défense commune de l'Occident.

Cette même guerre froide avait permis à la République fédérale d'Allemagne d'intégrer les Länder de l'ancienne RDA. Au plan juridique, on ne pouvait qu'approuver l'instauration d'une Loi Fondamentale à la place d'une Constitution, signalant une situation espérée provisoire. Par contre, le maintien de cette dénomination jusqu'à ce jour semble ne pas tenir compte d'une normalisation désormais acquise depuis plus de trente ans. Peut-être est-ce dû à des raisons autres que juridiques qui voudraient garder présent dans les esprits le souvenir d'un passé douloureux mais vaincu.

La gestion de la monnaie commune pose des problèmes au titre de la souveraineté nationale aussi bien qu'européenne. Le « sauvetage » de la Grèce a montré notamment que la France redoute une trop forte emprise du FMI sur les affaires européennes.

Au plan juridique, la BCE est une institution supranationale investie de la gestion monétaire de la Zone Euro. Si la hausse des prix ne doit généralement pas dépasser 2% par an, il ne faut pas considérer ce chiffre uniquement comme le résultat d'analyses macroéconomiques, mais avant tout comme un signal de confiance pour l'ensemble des citoyens, consommateurs comme investisseurs[141]. Ainsi, ce qui est visé au-delà du niveau des prix en eux-mêmes, est la perspective de la croissance à court comme à long terme.

Depuis peu, et lorsque la conjoncture l'exige, la BCE peut en outre acquérir des actifs tels que des obligations souveraines dont la vente sur les marchés financiers va créer des liquidités et faire baisser les taux à long terme. On retrouve donc ici les relations franco-allemandes intégrées dans l'ensemble du fonctionnement de la BCE. Cette intégration a fait de nouveau ses preuves lors de la création du PEPP (pandemic emergency purchase program), le programme d'achats d'urgence de la BCE créé en mars 2020 pour affronter la COVID-19.

Aujourd'hui, en cette inquiétante année 2022, le danger venu de la sphère politique a engendré des craintes

---

[141] Christine Galavielle, 2020

qu'on espérait apaisées. Ainsi, sauvegarder ensemble les valeurs communes de l'ordre démocratique s'impose d'une façon dont les modalités sont aussi importantes que complexes à définir. Le lien au sens le plus global entre la France et de l'Allemagne n'aura jamais étéaussi évident, à la fois contraint et consenti.

Espérons simplement qu'il sera toujours possible de nous familiariser avec l'enracinement culturel des uns et des autres. Faire connaître à un ami français les trésors du Land de Saxe, en matière d'architecture, de poésie et de musique, est une joie, comme l'est un voyage organisé avec un ami allemand pour l'amener au Musée Toulouse-Lautrec d'Albi et lui faire sentir l'enchantement de la France profonde.

Regardons désormais une dernière fois le titre de cette étude : France – Allemagne : la main tendue ou de façon plus explicite : Face-à-face ou la main dans la main?

La multitude des différences, des voies cherchées et finalement trouvées dans la souffrance puis dans la joie, ne sauraient nous faire oublier que le fait d'être français donne à chacun l'héritage de la Révolution de 1789, alors que devenir allemand a impliqué une mutation plus récente et difficilement achevée.

Cette prise de conscience nous fera progresser, la main dans la main, sachant que la Main saisie est celle d'un autre.

BIBLIOGRAPHIE

Adorno, Théodor & Horkheimer, Max - Correspondance 1927-1969, Éditeur Klincksieck, Librairie Decitre, 1969

Aglietta, Michel – Monnaie et souveraineté : comment compléter l'Euro ?, L'Économie politique 2015/2 (n°66)

Allal, Marina – Antisémitisme, hiérarchies nationales et de genre : reproduction et réinterprétation des Rapports de pouvoir, Raisons Politiques 2006/4, pp. 125-141

Attali, Jacques – Verbatim III, 1ère partie, 1995, Éditions Fayard

Azoulay, Juliette - Germinal, de la révolte à la révolution ; 40th annual 19e century French Studies colloquium, Porto Rico, octobre 2014

Beaupré, Nicolas - La Grande Guerre et la réconciliation franco-allemande, Revue d'Allemagne et des Pays de langue allemande

Braudel, Ferdinand – La dynamique du capitalisme, Éditons Arthaud, 1988

Breton, Yves – Les économistes français et les écoles historiques allemandes, Revue Histoire, Économie et Société, 1988, 2014, 46-2

Büchner, Georg - La mort de Danton, pièce de théâtre, 1834-1839

Burguière, André – Paysages et paysans, La campagne européenne du Xe au XXe siècle, Éditions Nathan, Paris, 1991, pp. 35 – 45

Cahn, Jean-Paul - Il y a soixante ans… la Sarre (re) devenait allemande, Allemagne Aujourd'hui, 2017/1

Crémieux, Rosine & Sullivan, Pierre – La Traîne Sauvage, Éditions Flammarion, 1999

Davesne, Solène – Usine Nouvelle, texte audio, 22-07-2021

Debagi, Baranova - L'Europe entre guerres et paix de religion, EHNE, Paris, 2020

Deluermoz, Quentin – La puissance de La Commune, Conférence 24 juin, 2021

Dickens, Charles – The cricket on the hearth, Conte, 1845

Dollinger, Phlippe – La démographie médiévale, Actes des Congrès de la société des historiens médiévales de l'Enseignement supérieur, Paris, 1970, pp. 113-120

Dostaler, Gilles – Keynes et ses combats, Alternatives Économiques, 2007, no. 264

Drumond, Édouard – La France juive, Éditions Flammarion, 1886

Ducange, Numa et Burlaud, Antony – Marx, une passion française, Éditions La Découverte, 2018

Évard, Jean-Luc – France-Allemagne, De la gestion d'un nouvel archipel philosophique, Archives de Philosophie, 2002/2 (tome 65)

Fléchy de la Neuville, Thomas - Hommage d'Emmanuel Macron à Jean Bodin, Revue Politique et Parlementaire, 07-09-2020

Galavielle, Christine – La Rationalité en quête d'un Guide, Éditions de L'Harmattan, 2020

Gaston-Breton, Tristan – La Hanse, l'Union européenne du Moyen-Âge, Les Echos ; idem - Le dilemme du franc Poincaré, Les Echos (mises à jour le 6 août 2019)

de Gemeaux, Christine – La République fédérale d'Allemagne et le Togo, Revue L'Allemagne d'Aujourd'hui, no. 217, 2016

von Goethe, Johann Wolfgang - Der Zauberlehrling, poème populaire, 1797

Gotthard, Axel - Die Kirche im ausgehenden Mittelalter, disponible sur Creative Commons, 08-01-2017

Grunin, Andrey – Le Moyen-Âge, une époque sans État? Revue d'Épistémologie des langues et littératures du Moyen-Âge et politique aujourd'hui, 40, Paris, 2019

Guittonneau, Pierre-Henri – La Hanse de Mantes, Revue Le Moyen-Âge, Paris, 2012/3-4, Rome 4 CXVIII, pp. 595-615

Gusdorf, Georges – Lumières-Aufklärung ; Au jardin des malentendus, pp 169-183, Éditions Actes Sud, 1997

Hobbes, Thomas – Léviathan, 1641 (paru 1651 à Londres)

Jeannin, Pierre - Enfin une synthèse de la Hanse, Note critique : Phlippe Dollinger, La Hanse, Annales, Paris, 1967, pp. 385-395

Jeismann, Michael – La patrie de l'ennemi, CNRS, 1998

Kadritzke, Ulf – Émission Deutschlandfunk, Conversation avec Vladimir Balzer
Kahneman, Daniel, Sibony, Olivier, Sunstein, Cass R. - Noise, Little, Brown Spark, New York, 2021
Kaspi, André – Les États-Unis, de 1945 à nos jours, Le Seuil, 2014
Krumreich, Gerd - À propos de la politique d'armement de la France avant la Première Guerre mondiale, Revue d'Histoire Moderne et Contemporaine, 1982 (29) idem - Les guerres mondiales, Au jardin des malentendus, Édtions Actes Sud 1997, pp. 140-148
Lefranc, Pierre – La France dans la Guerre : 1940-1945, Éditions Plon, 1990
Leibniz, Gottfried Wilhelm – Discours de métaphysique, Leipzig, 1686
Leroux, Alfred – La Royauté française et le Saint-Empire romain au Moyen-Âge, Revue historique, Paris, Tome 49, fasc. 2, 1892, pp. 241-288
Lorrain, Jean-Guillaume – Quand Napoléon dit Non au couple franco-allemand, Exposition Avril 2016
Marx, Karl – Le Capital, 1867
Mass, Edgar et al. – Cahiers Montesquieu, Actes du Colloque de Wolfenbüttel, 1989
Menant, Français – Séminaire Éléments d'économie médiévale, ENS 2008-2009, Paris, révision 2013Menjot, Denis – Les villes et les territoires dans l'Occident médiéval – un système spatial, CIHAM, 2006, pp. 451-492
Ménudier, Henri – François Mitterrand, la RDA et l'unité allemande, dans La RDA et l'Occident 1949-1990, Presses Sorbonne Nouvelle, éd. Ulrich Pfeil, 2000
Midi Insoumis, Populaire et Citoyen - Les grandes dates du mouvement ouvrier, 16-05-2021
Moeglin, Jean-Marie - De la « nation allemande » au Moyen-Âge, Revue française d'Histoire des Idées politiques, 2001, no. 14, Paris, pp. 229-260
Monet, Pierre – La patria médiévale vue d'Allemagne, Revue d'Histoire et de Philosophie, Le Moyen-Âge, Paris, 2001/1, tome CVII, pp. 79-99

Naumann, Günter – Deutsche Geschichte, Das alte Reich 962-1806, 2007 ; Von 1806 bis heute, 2018, Marix Verlag, Wiesbaden, Allemagne

Nerbollier, Delphine – La Croix, 09-12-2017, article 'En Allemagne, les Églises sont partenaires de l'État' ; citant Étienne François, Professeur d'Histoire, Paris I – Sorbonne

Noël, Jean-François – Le Saint-Empire, PUF-QSJ, Paris, 1993, 3e édition

Noisette, Thierry – Faut-il étendre la laïcité à l'Alsace-Moselle ? ; l'OBS, 28/01/2021 (n°2935) Passet, René – Les grandes représentations du monde et de l'économie à travers l'histoire, Les Liens qui libèrent, Paris, 2010

Peudon, Jean-Louis et al. – Villes et Villages de l'Aube- de la Préhistoire à nos jours, Jacques Books, 2011

Pecht, Robert – Les systèmes éducatifs, Au jardin des malentendus, Éditions Actes Sud 1997, pp. 503 --509

Pilz, Dirk – Martin Luther und die Folgen – 500 Jahre Reformation, www.luther2017.de, 05-07-2016

Ragot, Xavier – Plus ou moins de dette publique en France ?, OFCE, policy brief 84, 27/01021

Rambaud, Thierry – La séparation des Églises et de l'État en Allemagne et en France : regards croisés, Société, Droit et Religion, 2012/1 (n°2)

Rochlitz, Rainer – Théories narratives et théories normatives de la démocratie, Les Études Philosophiques 2004/3 (n°70)

Rolland, Romain – Journal des années de Guerre, Éditions de l'Humanité, 1919

Rosanvallon, Pierre – Le peuple introuvable, Éditions Gallimard, 1998

Roscher, Wilhelm – Grundriss zu Vorlesungen über die Staatswirtschaft, 1843

Saint Bris, Gonzague – François Ier et la Renaissance, Éditions SW – Télémaque, 2008de Saint-Simon, Claude-Henri – Le Nouveau Christianisme, 1825

Say, Jean-Baptiste – Traité d'Économie politique, 1803Schirmann, Sylvain – La gestion de la crise en France et en Allemagne, Institut d'études politiques de Strasbourg, 2015/2Schüttler, Hansper – Comment fonctionne le système scolaire allemand, www.deutschland.de, 19/11/2018

Suire, Éric – Pouvoir et Religion en Europe, Éditions Armand Colin, 2013
Todd, Emmanuel – Les luttes de classes en France au XXIe siècle, Éditions du Seuil, 2020
Valier, Jacques – Brève histoire de la pensée économique, Éditions Flammarion, Champs, Paris, 2005
Zola, Émile – Germinal, 1885
Zweig, Stefan – Die Welt von Gestern, Fischer Taschenbuch, 1941, 38e Édition, 2010

Table des Matières

Structures éditoriales du groupe L'Harmattan

L'Harmattan Italie
Via degli Artisti, 15
10124 Torino
harmattan.italia@gmail.com

L'Harmattan Hongrie
Kossuth l. u. 14-16.
1053 Budapest
harmattan@harmattan.hu

L'Harmattan Sénégal
10 VDN en face Mermoz
BP 45034 Dakar-Fann
senharmattan@gmail.com

L'Harmattan Cameroun
TSINGA/FECAFOOT
BP 11486 Yaoundé
inkoukam@gmail.com

L'Harmattan Burkina Faso
Achille Somé – tengnule@hotmail.fr

L'Harmattan Guinée
Almamya, rue KA 028 OKB Agency
BP 3470 Conakry
harmattanguinee@yahoo.fr

L'Harmattan RDC
185, avenue Nyangwe
Commune de Lingwala – Kinshasa
matangilamusadila@yahoo.fr

L'Harmattan Congo
219, avenue Nelson Mandela
BP 2874 Brazzaville
harmattan.congo@yahoo.fr

L'Harmattan Mali
ACI 2000 - Immeuble Mgr Jean Marie Cisse
Bureau 10
BP 145 Bamako-Mali
mali@harmattan.fr

L'Harmattan Togo
Djidjole – Lomé
Maison Amela
face EPP BATOME
ddamela@aol.com

L'Harmattan Côte d'Ivoire
Résidence Karl – Cité des Arts
Abidjan-Cocody
03 BP 1588 Abidjan
espace_harmattan.ci@hotmail.fr

Nos librairies en France

Librairie internationale
16, rue des Écoles
75005 Paris
librairie.internationale@harmattan.fr
01 40 46 79 11
www.librairieharmattan.com

Librairie des savoirs
21, rue des Écoles
75005 Paris
librairie.sh@harmattan.fr
01 46 34 13 71
www.librairieharmattansh.com

Librairie Le Lucernaire
53, rue Notre-Dame-des-Champs
75006 Paris
librairie@lucernaire.fr
01 42 22 67 13

www.ingramcontent.com/pod-product-compliance
Lightning Source LLC
LaVergne TN
LVHW021946220826
846091LV00015B/4106